Écrire pour un blog

Paul Souleyre

Écrire pour un blog

100 conseils et des exemples

Éditeur : BoD-Books on Demand
12-14 rond-point des Champs-Élysées, 75008 Paris
Impression : Books on Demand, Norderstedt, Allemagne

Illustration : Markus Spiske sur raumrot.com

ISBN : 978-2-3221-7384-6
Dépôt légal : avril 2021

Pour Jean

Table des matières

1 — LES 10 RÈGLES DE BASE D'UN ARTICLE

Ces quelques règles sont basées sur l'écriture quotidienne de plusieurs centaines d'articles. Elles sont plutôt subjectives, mais j'ai parfois la folie d'imaginer qu'elles peuvent être utiles à ceux qui s'essaient à l'écriture de petites chroniques, sur leur blog ou ailleurs. En tout cas, je ne les sens pas capables de faire du mal, donc je les livre à la vindicte populaire.

Pour tous les conseils, j'ai renvoyé le lecteur à un ou plusieurs articles de Memoblog-Oran, le blog sur Oran que j'ai tenu pendant un an et demi, et qui me servira d'illustration. Un peu d'indulgence — et peut-être aussi rassurer ceux qui lisent ces quelques lignes — je n'ai pas toujours été capable de suivre moi-même les conseils prodigués. Ils me servent de pense-bête. Et dans le feu de l'écriture, je ne pense pas toujours à les suivre.

Isoler la première phrase du texte

Elle doit être courte et intriguer le lecteur

Il faut toujours se préoccuper de la première phrase avec le plus d'attention possible.

Vous devez, dès les premiers mots, saisir l'esprit du lecteur pour ne plus le lâcher. Une question est évidemment la solution la plus simple, mais pas toujours la plus efficace. Le plus efficace, et depuis la nuit des temps, consiste à plonger le lecteur dans une certaine perplexité.

La première phrase du texte peut être une réflexion singulière, une remarque à part. « Il fait toujours beau à Perpignan » ou « j'adore manger des tomates le dimanche. » Le lecteur se demande alors pourquoi vous commencez le texte par un propos sans lien direct avec le titre. Donc il se questionne. Et la question est essentielle, car elle est le moteur de sa lecture.

La meilleure de toutes les perplexités nait invariablement d'une contradiction. La première phrase doit venir frotter contre le titre afin de provoquer l'étincelle nécessaire au questionnement. Il s'agit presque d'un questionnement philosophique dans le sens où l'Antiquité pensait l'activité d'abord et avant tout comme *étonnement*. Et étonnement devant l'évidence, bien sûr. L'herbe est verte, c'est étonnant.

Une idée n'existe jamais seule, au contraire, elle est le résultat du contact entre deux faits habilement juxtaposés et résulte du frottement. Elle fait le lien.

Votre travail consiste donc à créer ce frottement entre deux faits (en l'occurrence deux phrases, celle du titre et celle du contenu) pour faire surgir l'étincelle d'une idée. Même artificiellement.

Il s'agit d'abord de créer *de l'étonnement devant l'évidence*.

Quelques exemples

— L'article de Memoblog-Oran titré « Les vieux plans d'Oran » commence par cette phrase : *On ne peut pas écouter longtemps quelqu'un parler d'Oran sans voir les rues, les montagnes, ou la mer.*

Il y a collision entre le titre et la première phrase. Le lecteur se questionne : où l'auteur veut-il en venir ?

— Le dernier article que j'ai écrit (je commençais donc à être rodé…) joue à plein là-dessus. Le titre est celui-ci : « L'École des Beaux-Arts et le Musée Demaëght s'envolent » et la première phrase en est très éloignée : *Dans la nuit du jeudi 24 au vendredi 25 octobre 1985, La Biche Morte disparait.*

Je pars délibérément ailleurs tout en intriguant le lecteur avec à la fois une disparition et un titre de tableau. Mais la première phrase à elle seule ne permet pas de comprendre de quoi il est question. Il faut donc avancer jusqu'à la deuxième phrase pour obtenir quelques précisions.

Et notamment que *La Biche Morte* est un tableau de Gustave Courbet et que le verbe « disparait » renvoie au *vol par la Mafia* du monde des arts.

— Dernier exemple, « Le docteur Jules Abadie : chirurgien-chef à Oran. » Titre d'un article dont la première phrase est encore plus en décalage et peut laisser le lecteur perplexe : *Je suis très déçu. Amazon m'a notifié qu'ils s'étaient trompés et que le premier tome d'Amédée Moreno sur le parler d'Oran avait déjà été vendu.*

Là, je m'amuse avec le lecteur. Une voie dont il ne faut pas abuser, mais qui reste intéressante.

Séparer aussi la seconde phrase

Elle est un prolongement de la première

La deuxième phrase continue d'intriguer, mais ne doit pas être longue.

On reste en suspens. Aucune réponse.

Le questionnement du lecteur est renforcé pour l'intriguer davantage encore, le frustrer. Il doit ressentir le besoin de lire la suite pour obtenir une réponse à ce qui le perturbe.

Mais tout ceci doit se dérouler dans une grande douceur, sans même que le lecteur ne prenne conscience de quoi que ce soit.

La priorité est donnée à la fluidité du texte et de la pensée, à la discrétion du questionnement, à la subtilité de l'esprit. Plus facile à dire qu'à faire, mais je parle de conditions idéales.

La délicatesse est le cœur même de la deuxième phrase puisqu'elle joue le rôle de bascule. Avant, c'est l'ouverture ; après, la plongée dans le texte proprement dit. Elle est une sorte de pivot qui permet au lecteur d'accéder au fond.

Nous sommes au bord du ravin, la deuxième phrase est une petite bouffée d'air que nous prenons pour nous encourager, sorte de dernière prière avant le grand saut à l'élastique.

Tout auteur sent lorsque son texte est sur le point de s'envoler. La deuxième phrase est dans le prolongement de la première puisqu'elle continue à jouer sur la perplexité du lecteur, et pourtant, elle est aussi le moment de la première impulsion.

C'est le « prêt » qui se glisse entre « à vos marques » et « partez ».

Quelques exemples

— L'article de Memoblog-Oran titré « La tour Eiffel des Délices de Gambetta et les monuments perdus » commence ainsi : *On est quelques-uns sur cette planète à se demander ce qu'on fiche là (phrase1). Juste parce qu'on ne voit pas très bien la relation qui peut exister entre nous et l'endroit et nous nous trouvons (phrase2).*

La première phrase est loin du titre. La deuxième phrase est dans la continuité de la première, mais s'approche malgré tout du contenu du texte en devenant moins métaphysique, et en introduisant surtout la notion de lieu. Dans cet article, je pousse même le vice jusqu'à continuer dans cette voie dans la troisième phrase. À éviter. Il faut sauter le pas après avoir introduit l'idée du lieu comme ancrage.

— L'article sur Aurélie Picard s'appelle « Aurélie Picard habitait Bordeaux puis s'en est allée » et les deux premières phrases sont : *Il y a bien longtemps, Aurélie Picard habitait Bordeaux (phrase1). À Bordeaux, tout peut arriver, je suis bien placé pour le savoir ; c'est le point de départ de toutes les grandes aventures (phrase 2).*

La première phrase n'est pas trop en décalage avec le titre. En revanche, la deuxième fait un pas de côté (première partie) tout en annonçant la plongée dans le texte, c'est-à-dire dans son histoire algérienne, à travers les notions de points de départ et de grandes aventures. Le lecteur va bientôt se trouver embarqué. Il doit le sentir. C'est le rôle de la deuxième phrase.

Le texte commence à la troisième phrase

Elle donne une information

À la troisième phrase, le texte est lancé, et vous ne pourrez plus l'arrêter.

Vous devez tout de suite donner une information. Les lecteurs ne sont pas venus pour être frustrés, surtout dans une époque infantile où la frustration est devenue insupportable ; vous devez donner. Aucune différence entre les adultes et les enfants, il faut offrir une réponse tout de suite, sinon ça boude, et le lecteur s'en va sous d'autres cieux. Que la première phrase soit intrigante, soit, mais tout de même, il ne faudrait pas que ça dure, se dit le lecteur en son for intérieur.

La deuxième phrase est déjà de trop…

Mais elle demeurera malgré tout parce qu'elle tend la frustration à son paroxysme. La troisième ne peut plus se permettre de jouer avec le lecteur : il lui faut une réponse. Ou du moins, quelque chose qui y ressemble. Une sorte de leurre.

Parce qu'il est hors de question de fournir au lecteur la réponse à ce qui l'intrigue. Cette « réponse » ne peut être donnée qu'à la fin du texte, et encore, seulement si l'on n'a pas trouvé mieux, c'est-à-dire une pirouette pour faire un pas de côté.

J'y reviendrai.

Ici, dans la troisième phrase, on capte le lecteur avec une information précise, sa première véritable nourriture solide, mais en décalage avec la question qu'il se pose, de manière à conserver une certaine forme de frustration.

Quelques exemples

C'est avec le temps que j'ai fini par trouver cet équilibre, donc il me faut aller chercher du côté des articles les plus récents. Dans les quelques exemples ci-dessous, vous noterez tout de suite la spécificité de la 3e phrase.

— L'article de Memoblog-Oran titré « Notre Dame de Santa Cruz se trouve aussi à Fourvière » commence ainsi : *Régulièrement, Lyon vient me faire signe (phrase1). Je m'explique assez mal cette relation entre Oran et Lyon, mais elle existe, et le passage par Édouard Herriot ne suffit pas à rendre les choses plus claires (phrase2). Je m'étais déjà surpris à découvrir que Valérie Martinez avait grandi dans le quartier de La Duchère, je découvre il y a peu que la grande Vierge qui regarde Oran depuis le Murdjajo a été coulée dans le même moule que celui de la Vierge dorée de Fourvière (phrase3).*

— L'article de Memoblog-Oran titré « Monsieur Chouchani et Hajj Massoud : deux juifs d'Oran » débute ainsi : *Il y a une date importante à Oran : 1927 (phrase1). En tout cas dans le monde juif (phrase2). Et encore, est-ce dans mon petit monde imaginaire à moi, celui dans lequel se trouvent deux personnages absolument incontournables : Monsieur Chouchani et Prosper Chetrit, dit Hajj Massoud, dernier juif d'Oran (phrase3).*

— L'article de Memoblog-Oran titré « Floralies 2013, parcs et jardins : un peu de verdure sur el-Hamri » commence ainsi : *Il y a des paroles d'une grande modernité (phrase1). « Les jardins sont les poumons de la ville : respectez les plantes qui vous aident à vivre » (phrase2). Celle-ci arrive tout droit de l'ancien Arsenal de Kargentah, coincé entre trois bâtiments, et transformé le 8 mai 1958 en Jardin de la Roseraie, près du square Cayla (phrase3).*

— 4 —
Isoler les parties sensibles du texte
Elles permettent de montrer votre regard

La sensibilité imprègne votre texte et doit être perçue.

Ce sont des petites touches courtes dans lesquelles vous vous faites des remarques sur ce que vous avez ressenti en découvrant telle information. Il faut faire bref. Très important, sinon le texte n'est que de l'information et de nombreux lecteurs le trouveront ennuyeux. Attention à ne pas être balourd.

Et attention aussi à ne pas confondre regard et lol, mdr, ou les petits cœurs larmoyants. Les chats mignons sont pour les réseaux sociaux, vos petits chagrins et vos grandes joies n'intéressent que vous, sauf si vous êtes devenu une star internationale. On ne sait jamais. Peut-être que Madonna me lit, auquel cas, je la salue : vous êtes très bien dans Ray of light. La musique me rappelle toujours Les Yeux dans les Bleus et la coupe du monde en France de 1998.

Mais hormis ce cas très particulier, il faut éviter ce qu'on appelle *le pathos*. On voit trop souvent des personnes se répandre en sensibleries là où on leur demande simplement un regard subjectif. Un regard subjectif n'est pas une larme ou un rire, c'est un regard. Un angle de vue par lequel vous regardez le monde et qui permet d'en découvrir certains aspects auxquels on n'aurait pas forcément pensé.

Faites part de votre étonnement, de vos idées préconçues, de vos découvertes, de vos goûts, mais doutez toujours et montrez que vous doutez, que vous pensiez ceci, mais que non, c'est cela, et que votre regard a changé. Dirigez les projecteurs sur un coin du monde resté dans l'ombre et partagez votre émotion… Mais seulement après avoir partagé votre regard !

Quelques exemples

— L'article de Memoblog-Oran titré « Les statues de Santa Cruz » possède une petite partie « sensible » qui se réduit à une phrase par exemple : *Très naïvement, je pensais qu'il s'agissait de la statue originelle.*

C'est très simple et très court. Je n'en voulais pas davantage pour faire passer l'idée du sensible qui n'est pas sensiblerie. Il s'agit de montrer un regard sur quelque chose à l'intérieur du texte. En l'occurrence, celui d'un enfant de Pieds-Noirs qui ne connaît pas l'histoire de ses ancêtres, et pensait naïvement qu'on ne trouvait qu'une seule statue de Santa Cruz là où quatre exemplaires très différents sont éparpillés un peu partout en Algérie et en France. On a le choix de donner l'information brute ou, au contraire, de la glisser à l'intérieur d'un regard subjectif qui en dit bien davantage…

— Un autre exemple de mélange entre informatif et subjectif est extrait de l'article « Le débarquement des journalistes américains ». On y trouve de nombreuses occurrences subjectives : *Les Américains sont de grands séducteurs, il suffit de regarder Hollywood pour s'en convaincre.*

L'avant et l'après permettent de fournir un éclairage différent sur la présence des Américains à Oran. Sans quoi, on s'installe dans l'objectif historique qui peut rapidement tourner à l'ennuyeux. Dans le paragraphe qui suit, on regardera donc la présence des Américains sous l'angle de l'invasion qui, à Oran comme partout ailleurs, a surtout été une séduisante invasion de Chewing-gum, de Coca-Cola, et de films hollywoodiens.

Tellement séduisante qu'on n'en est plus sortis…

Séparer les parties objectives
Ce sont les parties qui fournissent l'information

Les parties qui fournissent des informations constituent le cœur de l'article.

Ce sont donc les parties les plus longues. Mais elles ne doivent pas être trop longues non plus… Ce sont des paragraphes de trois ou quatre lignes. Ils alternent avec du contenu sensible qui permet de « faire passer la pilule ». L'information pure reste indigeste sur la longueur.

N'oubliez jamais de quelle manière les lecteurs arrivent chez vous : par les moteurs de recherche.

Donc les lecteurs sont *à la recherche* de quelque chose. Et s'ils atterrissent chez vous, ce n'est pas pour se détendre, mais pour trouver ce qu'ils cherchent. Je parle toujours de la majorité, bien évidemment, et non de quelques cas isolés (de moins en moins cependant) qui sont sur Internet parce qu'ils se sont perdus.

On s'installe devant un écran (et surtout devant un texte !) parce qu'on cherche quelque chose, et l'effort de lecture est aujourd'hui devenu incroyablement difficile pour beaucoup de monde, même si l'on veut nous faire croire que les personnes lisent de plus en plus. Certes, ils scannent de plus en plus Internet, *mais uniquement pour trouver les mots qu'ils sont venus chercher.*

En un mot : les informations !

Donc si vous désirez qu'ils restent - sans vendre votre âme au diable (c'est-à-dire sans commencer à racoler de quelque manière que ce soit) - il va falloir leur donner la nourriture qu'ils réclament. En l'occurrence de *l'information*.

Je ne le répèterai jamais assez…

Quelques exemples

– L'article de Memoblog-Oran titré « Le cercle militaire a disparu » commence ainsi : *Longtemps, j'ai cherché le cercle militaire (phrase1). Je n'arrivais pas à savoir où il était passé, si je cherchais mal ou s'il avait disparu ; je le voyais sur les anciennes photos et je ne le voyais plus sur les récentes (phrase2). Mais ce n'est pas si simple. Le cercle militaire se trouvait sur la place d'armes, en face de l'Hôtel de ville, perdu au fin fond d'une très belle allée de palmiers (phrase3).*

Il y a tout dans ce début, depuis la première phrase nettement détachée, jusqu'à la troisième qui permet au lecteur de pénétrer tout de suite dans le texte, avec une information précise. Je rappelle qu'il est venu pour ça et non pour admirer le style littéraire. Qui s'apercevra que je me suis amusé avec Proust ici ? (Pour un plaisir totalement gratuit, pour l'incongruité totale de la transposition qui me fait encore rire, parce que je n'ai pas changé depuis l'âge de cinq ans).

Je ne donnerai pas davantage d'exemples pour ce cas-là qui est juste une évidence. Le blog sur Oran est basé sur de l'information, parce que j'ai passé des heures entières à étudier la ville et son histoire. Mais cette information est entourée tous les trois paragraphes d'un regard subjectif, si bien qu'il reste digeste et agréablement accessible.

Je conseille l'article que j'ai déjà nommé un peu plus haut (« Le débarquement des journalistes américains » ou un autre « Quelques petites histoires sur les Américains à Oran ») pour une meilleure compréhension du mélange entre information et regard personnel.

Et puis j'ai passé mon temps à l'écrire au bas de chacun de mes articles : *Un blog est à la fois général et particulier. Le sujet est commun ; l'angle est personnel.*

Insérer des intertitres

Ils permettent au texte de respirer

La respiration du texte est le secret de sa lecture.

Il y a bien sûr un intérêt à glisser des intertitres H2 pour le référencement Google, mais pour un texte de 350 mots, un intertitre suffit. Pour davantage, deux intertitres. Mais ne jamais ajouter pour ajouter. Le lecteur le sentira quoi qu'il arrive. Puis annoncer dans l'intertexte l'idée générale qui se dégage du paragraphe suivant.

Ce sont les bases. Mais le plus important reste la respiration du texte. Internet n'est pas le papier, et de moins en moins de monde arrivera à lire du texte sur du papier. Donc il faut aérer au maximum pour permettre au lecteur de scanner. Le secret se trouve là : il faut arrêter de parler de lecture et penser *scanner*. Les yeux *scannent* le texte à la recherche d'informations.

Si l'on ne veut pas passer à côté de son lectorat, il vaut mieux en prendre conscience, et aider le lecteur à se repérer dans la jungle des mots. Donc, dans la mesure du possible, insérer des intertitres.

Je l'ai beaucoup fait à mes débuts, principalement pour des questions de référencement Google. Et puis je suis passé aux textes qui serpentent et à l'aération des paragraphes. Les intertitres ne suffisent pas.

En revanche, les intertitres peuvent structurer votre page pour les robots de Google. Donc si vous les utilisez, pensez à les mettre en H2.

J'y reviens un peu.

Quelques exemples

— L'article de Memoblog-Oran titré « Quelques petites histoires sur les Américains à Oran » dont j'ai déjà parlé plus haut pour son mélange d'Histoire et de subjectivité est aussi celui où j'ai le plus usé des intertitres. Mais ils s'imposaient d'eux-mêmes puisque je voulais décrire les conséquences du débarquement américain selon trois échelles différentes : *1 — Rappel des faits : le 8 novembre 1942. 2 — La petite Histoire du Grand Débarquement. 3 — Et puis la très petite Histoire.*

Indiscutablement, les intertitres permettent au lecteur de s'y retrouver dans sa lecture, et ils manqueraient si je ne les avais pas introduits dans le texte. Et pourtant…

Et pourtant, dans des textes plus complexes et plus longs, je ne les ai pas introduits. Il faut tout de même préciser pour quelle raison. Il m'a semblé que dans le cas d'un blog sur Oran, le côté référencement n'avait une influence démesurée.

Le sujet n'est pas très attractif et j'ai assez vite compris que je n'aurai pas des milliers de lecteurs. J'ai donc préféré laisser tomber les intertitres artificiels dirigés vers Google pour me concentrer sur une respiration plus globale du texte. Sur un sujet plus général, j'y réfléchirais peut-être à deux fois.

— L'article de Memoblog-Oran titré « Je découvre par hasard la blouza oranaise » est l'un des plus lus du blog donc j'ai fini par travailler un peu le référencement et j'ai glissé un intertitre : *Les caractéristiques de la Blouza.*

Reste à savoir s'il est vraiment utile à autre chose qu'à une meilleure lecture du texte. Je ne sais pas.

Google me le dira peut-être un jour…

Écrire des titres énigmatiques

Ils permettent d'accrocher le lecteur

Ce qui attire le lecteur est ce qui l'étonne.

Un titre énigmatique est toujours attractif. « De la tour Eiffel aux petits pois » est ainsi un titre énigmatique. On ne voit pas le rapport donc on va le chercher. Un titre sert avant tout à attirer le lecteur. Après, il y a aussi « 10 recettes pour ceci » ou « 10 solutions pour cela »… Tout dépend de ce qu'on veut faire du texte.

Et tout dépend aussi du blog que vous tenez.

Lorsque j'écrivais sur Oran, je ne me voyais pas poster sans cesse des titres racoleurs ou pratiques comme « 10 manières de découvrir la ville en 5 minutes » même si j'aurais pu le faire. Encore que cela demande une bonne connaissance du sujet. Mis à part le côté répétitif et ennuyeux du procédé, il faut en plus être capable de l'assurer sur des sujets compliqués.

Une solution plus générale — et sûrement plus intéressante — pour provoquer l'intérêt du lecteur dans un titre est tout simplement de faire *buguer* son cerveau. C'est à la fois une expression que j'aime bien utiliser avec ma fille et un petit jeu entre nous ; à celui qui fera le premier *buguer* le cerveau de l'autre. Rien n'est plus simple que de bloquer une cervelle, il suffit de lui présenter quelque chose comme une contradiction ou une incongruité.

Une contradiction — d'autres parleront plus précisément d'antinomie — génère instantanément un problème à résoudre, tandis qu'une incongruité — un élément totalement hors contexte — perturbe le cadre logique à l'intérieur duquel le lecteur se trouvait confortablement installé.

Un titre noble doit posséder l'une de ces deux propriétés.

Et s'il est poétique, c'est encore mieux.

Quelques exemples

Pas facile de faire autre chose que d'accumuler les titres bizarroïdes utilisés sur Memoblog-Oran pour attiser la curiosité de mes lecteurs :

— *Rue d'Arzew court à Lyon-La-Soie en 2005 et termine 10e*. Le plus incompréhensible. (Je rappelle qu'il s'agit d'un blog sur Oran et non sur les PMU.)

— *« Escale à Oran » : un film pour métropolitains en mal d'exotisme*. L'un des plus provocateurs. (Comme quoi, je ne suis pas méchant.)

— *Oran : la ville qui ressemble à une araignée sans corps*. Le plus horrifique. (J'aime aussi faire peur.)

— *La délicieuse robe blanche de Mme Angèle Maraval-Berthoin*. Le plus élégant. (Je rappelle aussi qu'Oran est la ville du grand maître couturier Yves Saint Laurent).

— *Le chat noir du musée Nessler*. Le plus mystérieux. (Là, en plus du côté superstitieux, on rencontre une certaine forme de contradiction. L'un de mes titres préférés.)

— *À Oran, les Dames Africaines n'étaient pas des saintes*. Le plus *« jeu de mots »*. (Mais l'article m'a valu des tas de critiques parce que les lecteurs n'étaient pas du tout d'accord ! Donc je retire le fond… Mais la forme est bonne.)

— *La panthère noire et le chercheur d'or*. Le plus… typique ! (Avec ce genre de titre, on est sûr d'attirer quelqu'un. Reste alors à écrire un bon article. Ce qui ne fut pas le cas…)

— *L'ancienne préfecture d'Oran et le point zéro de l'ascension sociale*. Le plus spatial. (Il y a une belle vision à la fois du bas et du haut dans une phrase. Contradiction suprême.)

— *De la transmission par les croque-monsieur*. Mon préféré. Et puis le sujet me plait tellement (la transmission). Et puis il y a aussi ma maman. À partir de là…

— 8 —
Le vocabulaire et la phrase sont simples
Ils permettent une lecture fluide

Un texte fluide est la garantie d'une lecture aisée.

La lecture aisée est le critère essentiel de tout texte sur Internet. Avant n'importe quel conseil pour optimiser un article, pensez à le rendre fluide. La fluidité d'un texte est sa meilleure optimisation. On ne lit pas sur Internet comme sur les pages d'un livre.

Un écran d'ordinateur est une surface qui brille de mille feux et vous envoie sa lumière en pleine figure sans la moindre retenue. Vous pouvez toujours tenter de réduire la luminosité au maximum, vous n'en resterez pas moins gêné par ce scintillement naturel de 17 pouces qui est là pour vous empêcher de lire en profondeur. Je me demande parfois si ce n'est pas volontaire... Heureusement, les liseuses pallient très bien ce genre de problèmes.

Vos lecteurs ne sont pas différents de vous, donc laissez définitivement tomber les grandes phrases sur Internet, et gardez ça pour vos futurs livres électroniques. Ce sera plus utile. Sur votre blog, il faudra être particulièrement efficace, aussi bien sur la longueur des phrases, que sur l'étendue (ou la non-étendue, comme on voudra…) du lexique.

Vous devrez apprendre à réduire la taille de vos phrases, ce qui n'est pas un mal un soi, tant il est difficile de construire proprement des tournures à rallonge sans tomber illico dans le galimatias. Et par la même occasion, il vous faudra éviter d'employer le terme de galimatias pour vous limiter à un vocabulaire plus courant. Encore une fois, gardez vos ressources syntaxiques et lexicales pour un beau livre de fond.

Sur un blog : « Droit aux choses ».

Comme dirait Husserl.

Quelques exemples

Je me suis juré de toujours fournir quelques exemples à mes élucubrations, mais ce n'est pas évident tous les jours. Comment montrer que le vocabulaire est simple dans tous les articles ? Je ne sais pas.

Donc je vais glisser ici un texte un brin plus poétique que les autres qui s'appelle « Jeanne au bain ». (Notez déjà le titre intriguant…), qui est l'un de mes préférés et qui mélange sans jargon histoire et poésie.

*

J'ai toujours trouvé ce nom très beau : les Bains de la Reine.

La connotation à la fois érotique et mythologique ne peut que laisser rêveurs les rêveurs comme moi.

D'autant plus que ces Bains ont disparu.

Il ne reste guère que des photos. Donc c'est le grand mystère de la Reine au bain…

… L'histoire légendaire de Mélusine, fée du moyen-âge, qui interdit à son pauvre mari de la voir nue dans son bain le samedi. Il risquerait de découvrir son secret : ses membres inférieurs ont l'apparence d'une queue de poisson.

Et le samedi, el sábado, c'est jour de sabbat, jour des sorcières.

Mélusine la sirène. Mélusine la sorcière.

« En partant de Mers el-Kébir, la route de la corniche oranaise traverse, 3 km avant Oran, les Bains de la Reine, un petit établissement thermal. Cette source était connue des Arabes bien avant l'occupation d'Oran par les Espagnols.

D'après la légende, une source aurait jailli sur l'invocation de Sidi Dedeyeb. À la prise d'Oran, le Cardinal Cisneros fit usage de ces eaux. Adoptées par la noblesse espagnole, elles doivent leur nom aux visites répétées de Jeanne la Folle, fille d'Isabel la Católica. Ce sont des eaux chlorurées, sodiques, bromurées, d'une température de 55 degrés. » (Cercle Algérianiste)

JC Pillon complète un peu le portrait :

« Jeanne « la folle », fille d'Isabel la Católica et mère de Charles V était venue soigner sa maladie de peau avec les eaux thermales qui coulaient à 55 °C. Avant la conquête espagnole, les indigènes appelaient ces bains « Hamam Sidi Deleion ». Dans la première moitié du siècle, bon nombre d'Oranais y venaient régulièrement soigner leurs rhumatismes ».

Jeanne la Folle, Mélusine espagnole, venait donc cacher sa queue de poisson dans un établissement thermal d'Oran. Peu de gens le savent.

Et puis la guerre emporta tout : Mers el Kebir se changea en base militaire antiatomique ultrasecrète et la sorcière Mélusine fut sacrifiée sur l'autel du nucléaire.

La grotte de l'Aïdour y passa par la même occasion. Il n'y eut plus de Bains de la Reine ni de Reine au Bain.

Jeanne la Folle, depuis longtemps disparue, disparut définitivement.

Et la Corniche devint la route de Bomo-plage.

*

Ou encore un article sur la vieille église Saint-Louis. Parce qu'on peut dire beaucoup de choses en restant simple.

*

L'Église Saint-Louis est une très vieille dame qui a des valeurs solides.

La vieille église Saint-Louis ne s'amuse pas à mettre du romano-byzantin là où on ne le lui demande pas, la vieille église Saint-Louis tente d'être le plus intègre possible.

Intègre ? En accord dans la pratique avec ses valeurs morales. Elle est une église catholique ; elle va se comporter en église catholique et pas autrement dans l'espoir vain de séduire par ses couleurs vives.

La grande cathédrale sort ses parures, l'église Saint-Louis s'habille de blanc.

La grande cathédrale cligne de l'œil à tout va, l'église Saint-Louis regarde droit devant elle. La grande cathédrale s'échine, l'église Saint-Louis s'élève. Question de posture : on met du fard pour attirer les grands de ce monde ou des robes blanches pour accueillir les démunis. Les valeurs sont éternelles. L'église Saint-Louis est une vieille dame qui ne craint rien du temps : noblesse oblige.

La vieille église Saint-Louis sait que les amoureux font des bêtises dans le tunnel sous ses jupons, elle les protège.

La vieille église Saint-Louis sait que la Vierge de Santa Cruz protège la ville de loin, elle protègera de près ceux qui se cachent derrière ses arcs. La vieille église Saint-Louis est une grand-mère espiègle avec les galopins qui courent dans ses ruelles et jouent au foot place de la Perle. Elle les regarde descendre les escaliers comme des furies derrière leur ballon vert et les bénit.

Son corps est vide. Il y a longtemps qu'elle n'enfante plus.

Elle est dans le sourire.

Réduire la longueur des dernières phrases

Ils permettent de se préparer à la fin de l'article

Des phrases de plus en plus courtes amorcent la clôture d'un texte.

Le lecteur aime *le sentiment d'unité*.

Il lui faut un texte achevé. Pas tout à fait quand même, mais le lecteur doit malgré tout quitter l'article avec le sentiment que quelque chose vient de se produire. Il lui faut une fin… même ouverte. Réduire la longueur des dernières phrases prépare au sentiment de clôture.

Cette histoire d'unité est très importante, et depuis la nuit des temps, puisque Platon en faisait déjà les choux gras de son école de géomètres. Si vous êtes capable d'appuyer sur ce bouton-là, alors vous toucherez le lecteur là où ça le titille depuis les premiers jours de sa présence au monde, et vous aurez pas mal avancé.

On pourrait en parler pendant longtemps, mais le sentiment de la dualité est à la base de toute psychologie. Donc si vous arrivez à introduire une contradiction en début de texte (comme préconisé plus haut) et à résoudre votre problème initial en fin de parcours (pas tout à fait quand même), banco, vous tenez votre article.

Tout ceci peut paraitre très théorique (et en effet, d'un certain point de vue, ça l'est, ce qui ne signifie pas pour autant que le propos est dépourvu de sens), mais en pratique, il n'y a rien de plus simple. Il suffit de ne pas trop exiger de la vérité pour seulement fournir au lecteur *les apparences* de la contradiction et de l'unité en début et en fin de texte.

Offrir davantage que les apparences est un don que seuls les professionnels de la philosophie savent exercer.

Et ce n'est pas mon art.

Quelques exemples

— L'article de Memoblog-Oran titré « La délicieuse robe blanche de Mme Angèle Maraval-Berthoin » se termine ainsi :

Je laisserai le mot de la fin à Geneviève de Ternant :

« Souvent, je me rendais à Sainte-Eugénie, je lui faisais la lecture et l'écoutais parler littérature et poésie. Elle aimait à rappeler qu'elle fut la première femme à survoler le Sahara en avion. »

Moi qui n'ai pas survolé grand-chose, et qui n'aime pas beaucoup les avions, je me rappellerai certainement cet exploit.

Et je tire mon chapeau à l'aviatrice.

— L'article de Memoblog-Oran titré « Notre Dame de Santa Cruz se trouve aussi à Fourvière » se termine ainsi :

Actuellement, des Italiens restaurent la mairie d'Oran qui menaçait de s'effondrer. De leur côté, des Espagnols restaurent les Galeries de France rue d'Arzew. Et chacun de glisser son petit drapeau national sur les échafaudages.

Mais de petit drapeau sur les lézardes de Santa Cruz, point de trace.

La statue finira bien par s'effondrer un jour ou l'autre.

— L'article de Memoblog-Oran titré « Il est temps de faire un petit détour par Tlemcen, « Perle du Maghreb » » se termine ainsi :

J'imagine qu'ils devaient s'y trouver même si rien n'est jamais sûr en la matière. Tout est possible. Il faudra chercher.

Restera finalement à retrouver les tombes au cimetière israélite.

À deux pas de la porte d'Oran.

Varier — Varier — Varier

Le mouvement du texte est sa vie

Un texte au style varié maintient l'attention du lecteur.

Faire varier un texte sur Internet, c'est y mettre beaucoup de formes très différentes les unes des autres : des citations en italique, des photos, des vidéos, des bribes de poésie, du travail historique, des hyperliens, des objets intégrés.

Il faut juste faire attention à ne pas perdre son style parce que c'est lui qui tient l'ensemble.

On a tendance à penser que ce sont les objets médiatiques qui fixent l'attention du lecteur (les images, les vidéos intégrés, les gifs, etc.), mais c'est une erreur. Rien ne fixe davantage l'attention que le texte s'il est correctement écrit, c'est-à-dire s'il considère son lecteur — et non Google — comme la chose la plus importante au monde.

À partir de là, tout doit tourner autour du texte et en fonction de lui. J'ai écrit plus haut que le mouvement du texte était sa vie et je le maintiendrai encore sur mon lit de mort, même devant tous les spécialistes du SEO, parce que le mouvement du texte est celui de l'esprit. Quiconque maitrise le mouvement de la phrase tient le lecteur par les oreilles et l'oblige à écouter.

Cela étant dit, il ne faut pas trop dépayser le lecteur. Donc on lui donnera ses petits jouets — c'est-à-dire des images, comme quand il était enfant — ou des vidéos — comme à la télé. Mais travaillez le rythme de la phrase et glissez votre texte entre les images, les objets, et les vidéos.

Le texte est une eau qui coule entre les récifs et votre lecteur doit suivre le courant sans chavirer.

À vous de l'accompagner dans son périple.

Quelques exemples

Je crois que le fait de se tenir droit un quart d'heure tous les jours permet à l'énergie de mieux circuler le long de la colonne vertébrale. C'est ce que dit le rédacteur en chef. C'est pour ça qu'il écrit si bien. D'ailleurs, quand elles ont lu l'article d'hier, les mouettes sont revenues.

Mais les arquebuses qui connaissent bien les mouettes savaient de toute façon qu'elles reviendraient. Dans le Grand Livre que les Anciens consultent une fois par an, il est déjà fait référence à des retours de mouettes. En 1653, par exemple, les mouettes sont parties trois jours en Espagne. Lorsqu'elles sont revenues, elles n'avaient plus de plumes. Les arquebuses en rigolent encore.

Mais soyons équitables, rappelle le rédacteur en chef dans son éditorial mémorable : à la belle saison, les arquebuses ne font plus les malignes. Ah bon ? (Dis-je naïvement — je ne suis pas là depuis longtemps, c'est pour ça — je suis de Bordeaux). Oui Sahbi, me dit le rédacteur en chef, elles fondent au soleil. Mon Dieu, mais c'est horrible !

En fait, les Oranais prennent chacun un saladier et déposent les arquebuses à l'intérieur. Lorsque la Waada arrive, le soleil frappe fort sur les arquebuses qui fondent comme neige au soleil. Les habitants récoltent alors le jus pour les mariages.

Je demande au rédacteur en chef si par hasard il ne serait pas en train de se moquer de moi.

Il le prend mal.

Je décide de rentrer chez moi. Mon cabanon n'est pas loin.

Ce soir, les mouettes ont aussi fondu dans leur saladier parce qu'on était le 26 août. Apparemment, c'est leur date. Le point positif, c'est qu'il n'y a plus de bruit dehors.

On entend le clapotis des vagues.

C'est beau.

2 — À ÉVITER ABSOLUMENT

Encore une fois, les dix conseils qui suivent sont purement subjectifs. Ils peuvent paraitre directifs — et quelque part, ils le sont —, mais je serais prêt à les laisser tomber si par hasard j'en découvrais de meilleurs. Ils sont surtout la marque d'une exigence toute personnelle, la volonté (le goût) de faire simple. Certaines figures de style complexes me déplaisent parce qu'elles cherchent à montrer un savoir-faire littéraire aux dépens du contenu.

Je n'arrive pas toujours à être simple, mais je tente. Les 10 conseils qui suivent portent la marque de cette exigence. J'essaie de supprimer des éléments qui ne me paraissent pas indispensables et qui, le plus souvent, alourdissent la phrase plus qu'autre chose, la rendant particulièrement opaque. Exemple : l'adverbe « particulièrement » que je viens d'écrire n'est pas indispensable.

— 11 —
Éviter les adverbes
Ils affaiblissent la phrase

La phrase est suffisamment forte pour se passer d'adverbe.

Si elle est construite proprement, une phrase n'a pas besoin d'adverbe. Elle se suffit à elle-même. Elle tire sa force de sa simplicité. La compliquer inutilement avec un adverbe comme « notablement » « beaucoup » « incroyablement » affaiblira toujours son contenu. Plus elle est dépouillée de ses adverbes, plus elle est forte.

Vous avez dû noter que j'ai commencé le paragraphe en introduisant *suffisamment* et déroger ainsi aux règles les plus élémentaires de la logique aristotélicienne. C'est que je n'aime pas trop fixer les règles pour l'éternité. Je me sers bien sûr des adverbes, mais jamais pour relever la force d'une phrase.

Je me concentre de plus en plus sur le rythme de la phrase. Je l'entends en moi et je compte les pieds, en quelque sorte, pour saisir si la phrase claudique ou tient la route. Les adverbes me servent désormais à rétablir l'équilibre.

Aurais-je sérieusement pu écrire « la phrase est assez forte pour se passer d'adverbe » ? Non. Et pourtant, l'alexandrin pourrait passer. Mais non. Dans ma petite musique intérieure, le *suffisamment* s'impose.

En résumé : trouvez votre petite musique intérieure et n'utilisez les adverbes que pour équilibrer. S'il s'agit de renforcer une phrase, évitez. Une phrase sans adverbe est plus puissante. Comme quelqu'un qui énonce, sans élever la voix, ce qu'il a à dire de façon claire, nette, et précise.

Crier affaiblit.

Quelques exemples

Quelques exemples de ce qu'il ne faut pas faire et que j'ai fait malgré tout puisque je ne suis pas un être parfait.

— L'article de Memoblog-Oran titré « De la « Maison de rapport » à la Posada Espagnola » possède ce paragraphe non loin du début :

Fantômes dans le sens où j'ai souvent entendu parler d'eux sans jamais savoir précisément *où ils se trouvaient ni quelle était leur histoire, avant de me pencher sur leurs cas respectifs.*

À noter ici un point qui peut être intéressant et qui me sauvera peut-être de la critique. Si l'on retire l'adverbe « précisément » de la phrase, celle-ci devient beaucoup plus forte, c'est une évidence. Il suffit de la lire à haute voix. Introduire l'adverbe permet au contraire d'affaiblir la phrase — comme tout adverbe, de mon point de vue — ce qui permet de renforcer dans ce cas-là le sentiment d'indécision quant à la localisation des monuments que sont le musée Nessler et le caravansérail.

— L'article de Memoblog-Oran titré « Monsieur Chouchani et Hajj Massoud : deux juifs d'Oran » possède ce paragraphe tout près de la fin :

Chouchani parce qu'il savait tout et mesurait trop facilement l'ignorance de ses contemporains ; Hajj Massoud parce qu'il n'a pas été touché par la francisation et qu'il a regardé de loin ses congénères s'occidentaliser.

L'adverbe « facilement » se trouve là uniquement pour s'accorder avec ma petite musique intérieure. On pourrait le remplacer par autre chose, mais j'ai besoin des trois syllabes pour être en paix, donc voici mon adverbe…

Éviter le gras

Le gras est un signe de faiblesse

La phrase est suffisamment forte pour se passer de gras.

Si elle est construite proprement, une phrase n'a pas besoin de gras pour mettre en valeur ses mots. Contrairement à la cuisine, le gras ne donne pas de goût. Au contraire, il en accentue les faiblesses puisque vous indiquez de manière lourde la partie du texte que vous n'arrivez pas à mettre en évidence.

C'est la même chose que les adverbes, mais en plus désolant, puisque le gras n'ajoute rien au rythme de la phrase. Vous pointez du doigt une idée que vous n'arrivez pas à mettre en valeur autrement.

Un temps, on aurait pu croire qu'il servait au SEO pour être mieux repéré. Ce temps-là — s'il n'a jamais existé — est révolu. Google sait désormais reconnaitre des mots-clés sans qu'on ait besoin de lui faire de gros signes de la main.

Il sait déjà mieux lire qu'une bonne partie de la population puisqu'il rejette le gras comme indicateur de la fiabilité d'un texte. Il va chercher le sens par d'autres moyens. Il a de quoi comparer pour se faire une idée.

Donc je ne vois plus l'intérêt de mettre du gras à l'intérieur des phrases.

On pourrait parler des intertitres.

Si les intertitres sont faits correctement, ce sont des style 2, et non des paragraphes mis en gras. Peut-être des style 2 qu'il faudra rendre gras pour devenir plus visibles, à la grande rigueur.

Pour le reste, le gras risque surtout de s'apparenter à de la publicité si vous en faites trop.

Donc laissez tomber le gras.

Quelques exemples

Un exemple de ce qu'il ne faut pas faire et que j'ai fait quand même puisque je ne suis pas un être parfait (bis). Mais comme je ne l'ai fait qu'une fois, je vais donner le contexte : je me suis servi du gras pour présenter le texte de quelqu'un d'Oran que j'ai publié sur le blog.

Ce serait à refaire, je ne le referai pas. Je pense que ce n'est pas nécessaire, d'autant plus que ça peut donner le sentiment que la parole du présentateur est plus importante que celle de l'auteur invité.

Terra Viridis habite Oran et parcourt régulièrement la forêt des Planteurs pour le seul plaisir d'y observer la faune et la flore. Je discute avec lui depuis plusieurs mois. Je lui ai parlé à l'époque de mon désir d'entendre la voix de ceux qui connaissent Oran ou l'ont connue.

Je suis très heureux aujourd'hui de pouvoir accueillir son texte.

Merci donc à toi, Terra Viridis. Et au plaisir de nous retrouver ici et sur ta page.

Un jour, nous nous sommes décidés avec quelques amis à partir en promenade du côté de Mers el-Kebir.

On a pris un chemin serpenté et ombragé par le pin d'Alep. C'était au mois de mai et toutes les senteurs étaient présentes. On est passé chez un ami, Ameur, qui habitait le quartier de Babel Hamra, pour amener avec nous ses fidèles compagnons, Rose et Rex, deux labradors habitués de la forêt des Planteurs.

On a décidé d'aller vers le D.N.C., un lieu sans relief, très agréable pour pique-niquer. Pour y arriver, il faut frôler des bosquets qui nous chargent de leurs épines, mais c'est le prix à payer pour rejoindre ce lieu au silence monacal.

Soudain, le cri alarmant d'un chacal doré se mit à retentir.

Éviter les points d'exclamation
Ils ne servent à rien

La phrase est suffisamment forte pour se passer de point d'exclamation.

Si elle est construite proprement, une phrase n'a pas besoin de point d'exclamation pour mettre en évidence des sentiments. Autant le point d'interrogation n'est pas négligeable (même si l'on peut parfois s'en passer), autant le point d'exclamation est inutile. Mettre un point d'exclamation, c'est appuyer très fort sur un lieu, comme si la phrase ne se suffisait pas à elle-même. C'est l'affaiblir. Un peu comme un smiley.

Bien sûr, il peut marquer la surprise ou la colère, tout ce qu'on voudra, certains en mettent trois à la suite pour marquer la force du sentiment. Sur le plan de l'écriture, plus il y a de points d'exclamation, moins le propos est littéraire. C'est du même ordre que dix cœurs juxtaposés sur les murs Facebook adolescents. Plus il y a de cœurs, plus c'est léger.

Si on écrit *je t'aime* sans le moindre cœur sur le mur de quelqu'un, le propos est fort et on peut commencer à se poser des questions sur les sentiments de celui qui a écrit la phrase. S'il juxtapose une ribambelle de points d'exclamation à côté, on saura que le propos est léger et on en sourira avant de passer à autre chose.

Ce qui montre assez bien que le point d'exclamation, comme beaucoup d'autres marques graphiques, ne fait que souligner une faiblesse dans l'expression. Il ne faut le conserver que pour des points très particuliers comme des interjections particulières : attention !

Pour le reste, c'est sans intérêt.

Quelques exemples

Quelques exemples de ce qu'il ne faut pas faire et que j'ai fait quand même puisque je ne suis pas un être parfait (ter). Mais pour les points d'exclamation, c'est vraiment difficile parce que je n'aime pas ça du tout…

— L'article de Memoblog-Oran titré « Orangina ou les mauvaises blagues de l'inconscient » en contient un et débute de cette façon :

Apparemment, à Oran, il y a une blague qui circule sur Orangina. Elle se décline de différentes façons, mais disons que la plus courante est voisine de celle-ci :

« Un m'aaskri et un Oranais se rencontrent dans un café. L'Oranais commande : « garçon ! … un Orangina s'il vous plait ! » Le m'aaskri intrigué lève alors la main : « garçon !… Pour moi, ce sera un mascaragina ! »

C'est un assez bon exemple de points d'exclamation qui se justifient. Même le double point d'exclamation peut se vendre. Mais on remarquera qu'il s'agit d'une grosse blague, et qu'à ce titre, on va appuyer bien fort sur la chute pour signaler où il faut rire…

— L'article de Memoblog-Oran titré « Je découvre qu'il existe un Joomladay algérien à Oran » débute ainsi :

Alors là, c'est vraiment l'article pour me faire plaisir ! Si ça se trouve, personne ne sait ce qu'est un Joomladay.

Donc voilà, j'ai trouvé. C'est un de mes premiers articles et je vais laisser le point d'exclamation pour vous faire plaisir. Comme ça vous pourrez aller vérifier. Mais ne traînez pas trop parce que je l'enlèverai sûrement un jour…

Éviter les mots en majuscule dans le texte
Ils brisent le rythme de lecture

La phrase est suffisamment forte pour se passer de mots écrits en majuscule au milieu des autres.

Je l'ai souvent vu. Je ne comprends pas. C'est un aveu de faiblesse qu'il ne faut pas divulguer. Écrivez tout en minuscule, clairement et simplement. La force de votre message en sera décuplée. Vous ne sentirez plus le besoin de mettre des majuscules pour que les mots se voient. Ce sont les idées qui se verront.

La majuscule est faite pour indiquer le début d'un texte ou des titres. Vous feriez une erreur en pensant que les gens vont davantage y prêter attention sous prétexte que le mot est devenu ÉNORME en plein milieu d'une phrase. Ils vont surtout découvrir quelqu'un qui leur crie à la figure. Parce que la majuscule est un cri.

Je pense que n'importe quelle personne qui reçoit un message écrit en majuscule comprend instantanément qu'on est en train de lui crier un message. Les majuscules à l'intérieur du texte ont la plupart du temps mauvaise réputation parce qu'on les associe aussi aux grosses publicités qui inondent certains sites qui ne font pas dans la dentelle.

En résumé, comme pour le gras et le point d'exclamation, gardez ces marques de différenciation pour les codes classiques de l'édition et vous reposerez votre lecteur qui n'a pas besoin d'être agressé. Surtout à l'intérieur d'un texte, je ne le répèterai jamais assez, parce que c'est radical : quand on observe ce type de marque, c'est presque un signe rédhibitoire, on comprend que la personne manque de mots pour s'exprimer et utilise des exutoires. C'est comme les gens à court d'arguments qui finissent par sortir les poings.

Quelques exemples

Une exception à la règle parce que, vraiment, ce n'est pas dans ma nature de mettre des majuscules en plein milieu des phrases, je ne tirerai pas l'exemple de Memoblog-Oran, mais de mon site pro sur lequel j'écris régulièrement des articles qui tournent autour de l'écriture.

Je me suis amusé à écrire trois grosses phrases en majuscule et avec des points d'exclamation !!!!!!!!!!!!! (Alors que vous savez que je ne les aime pas non plus. Il faut parfois savoir transgresser ses propres règles histoire de ne rien idolâtrer.)

*Votre site Web vous permet de captiver l'attention de quelqu'un, de partager du contenu, de prendre contact, discuter, etc. Combien de fois ai-je rencontré des lecteurs à partir de Memoblog-Oran ? Je ne les compte plus. Ils laissent des commentaires sur le blog et la discussion s'engage. Elle peut même continuer par mail et faire des petits.

De plus, vous êtes libre de donner l'apparence que vous voulez à votre site Web, et de dire ce que vous avez à dire, à commencer par des choses très simples :

BONJOUR TOUT LE MONDE, je suis ICI !
REGARDEZ RAPIDEMENT ce SUPER LIVRE !
VOICI un échantillon de MON CONTENU !

Parce que la plupart des auteurs autoédités doivent assurer leur propre promotion, votre site Web est votre petite barque de promotion qui flotte sur un océan de petites barques semblables dans le gigantesque centre commercial qu'est devenu Internet. Le marché est presque infini et la difficulté n'est plus d'arriver à être édité, mais d'arriver à être vu. C'est presque le seul bénéfice d'une bonne maison d'édition : sa puissance marketing, son réseau.

Éviter le langage parlé
Il est un frein à la compréhension écrite

Le langage parlé est fait pour être parlé.

À l'écrit, le langage parlé gêne la lecture qui est d'abord sonorité intérieure et rythme. Les mots ne se comportent pas de la même manière à l'écrit et à l'oral. Donc, construisez vos phrases simplement et ne faites pas d'oral à l'écrit, sauf si vous vous appelez Louis-Ferdinand Céline. Le lecteur en sortira les oreilles reposées.

En revanche, il est essentiel d'installer une certaine proximité avec le lecteur. Et c'est souvent ce que les personnes prennent pour du langage parlé. Erreur. La proximité ne se construit pas sur l'imitation du langage parlé, mais sur la simplicité du style, et surtout *une voix*. Concept crucial.

Qu'est-ce que la voix ?

Difficile à expliquer en quelques lignes et même en 300 pages parce que c'est une histoire de perception. Je n'ai pas dit subjectivité. Ce n'est pas chacun ses goûts. C'est plutôt : la voix est là, vous l'entendez, et vous prenez conscience de sa présence (ou vous n'en prenez pas conscience).

C'est identique pour beaucoup de choses. La personne est devant vous, vous discutez avec elle, et vous prenez conscience du fait qu'elle est ironique ou sérieuse dans son propos… ou vous n'en prenez pas conscience et vous restez fixé sur le sens premier des phrases. Vous n'êtes attentif qu'au fond et pas à la voix qui le porte. Vous ne saisissez pas la tonalité générale dans laquelle s'insère le sens… donc vous ratez le sens profond. Vous ne saisissez que le sens premier qui n'est là que parce qu'il faut bien un sens premier. Vous restez à la porte d'entrée en quelque sorte.

La voix est le véritable langage parlé de l'écrit.

Quelques exemples

Pour ce qui est de *la voix*, j'ai pris l'exemple d'un article qui évoque le cas du musée Nessler à Oran. Il me parait le plus adapté puisqu'à aucun moment je n'y parle de moi.

Il permet de saisir que la voix de l'auteur n'est pas là pour parler de l'auteur ni de ses petits états d'âme, mais bien pour évoquer un sujet.

Pourtant, le sentiment de *présence* de l'auteur doit être nettement perçu par le lecteur, sinon le texte historique deviendra rapidement neutre et ennuyeux, comme seuls savent l'être de nombreux textes historiques, s'ils n'ont pas été écrits par Jacques Le Goff ou Michel de Certeau.

*

Au royaume des merveilles disparues, il y a le musée Nessler.

Il est un peu aux musées d'Oran ce que le Casino Bastrana est aux théâtres, une légende fantomatique.

Un bâtiment dont on entend parler, qui erre dans l'histoire de la ville, mais qui n'a plus de réalité sensible.

On pouvait le trouver Boulevard de l'industrie, à deux pas d'un autre fantôme tout aussi légendaire, le caravansérail.

Pour être précis, l'entrée se trouvait Boulevard de l'industrie, à la sortie de la rue du cirque. (Voir la carte un peu plus bas dans l'article).

Il suffit de regarder le musée Nessler pour se rendre compte qu'on a affaire à un musée hors du commun, totalement inclassable, et peut-être même un brin démesuré.

Il s'agit d'une demeure pompéienne.

Quand on en arrive à ce genre d'incongruité, on doit aller chercher plus loin qu'un soi-disant renouvellement des arts dans l'Ouest algérien, qui me parait tout à fait inapproprié dans le cas Nessler.

— 16 —
Éviter les jargons
Ils abaissent le lecteur

Le jargon exclue le lecteur non jargonnant.

Donc c'est une mauvaise idée ; il faut absolument rendre les choses lisibles et simples, quand bien même vous vous adressez à un lectorat qui connaît le jargon. Parce que vous empêchez les nouveaux de découvrir ce dont vous parlez et vous altérez votre image. Sans compter que vous vous privez de regards extérieurs à votre domaine. Là se trouve peut-être le plus ennuyeux. Il faut savoir pour qui l'on écrit.

De même que mai 68 criait à l'orateur *d'où parles-tu camarade ?* Le blogueur, comme tout individu qui écrit et se respecte, doit se poser la question : d'où suis-je en train de m'exprimer et à qui suis-je en train de m'adresser ? Lorsqu'un scientifique écrit un article ou fait une conférence, il ne s'adresse pas de la même manière au grand public ou à ses confrères. Et il ne leur dit pas la même chose non plus.

Le blog se trouve-t-il sur le site de votre entreprise ? Vous parlez depuis un lieu professionnel, et au nom de la société, vous devez conserver la ligne de l'entreprise, c'est-à-dire véhiculer le message de l'entreprise, aussi bien sur le fond que sur la forme. À qui vous adressez-vous ? Vous êtes en B2B, le jargon est possible. En B2C, pas de jargon.

C'était pour vous faire saisir l'idée.

Mais sur un blog perso ?

Sur un blog perso, tout dépend à qui vous vous adressez, mais dans la plupart des cas, ce sera le grand public. Et il n'y a rien de pire, dans ces cas-là, que le jargon. Vous allez faire fuir tout le monde si vous ne vous exprimez pas comme le commun des mortels.

Et à tous les mots de toutes les phrases.

Quelques exemples

Pas évident de donner des exemples de jargon à ne pas utiliser dans le cas de Memoblog-Oran parce que le blog n'était pas spécialement technique, même si j'ai parfois abordé des documents d'architectes urbanistes comme pour l'article sur Émile Cayla.

Mais il y a tout de même… l'article le plus lu de Memoblog : « Je découvre par hasard la blouza oranaise. » Un article assez technique sur ce qu'est une Blouza. J'ai pas mal cherché et j'ai fini par en extraire les morceaux les moins techniques pour que le lecteur puisse avoir accès aux quelques idées de base :

J'ai obtenu davantage de renseignements sur Dziriya.net.

« Elle [la Blouza] se compose en une robe dentelée ou en tissu et d'une sorte de long jupon qu'on appelle « jaltita » qui vient en bas et de la même couleur que la robe. Elle s'attache avec une ceinture. La mode est aux ceintures en strass ou en tissu, comme pour les caftans. […] Perlée, à la broderie, broderie africaine, strass, kentil, beaucoup de matériaux peuvent être utilisés pour confectionner la blouza. Elle se porte en demi-manche, ou en manches trois quarts. »

Je commence à avoir une petite idée, même si ce n'est pas très clair. […]

Finalement, je suis tombé sur quelque chose de clair et simple :

« La Blouza est une robe cintrée à la taille, qui se porte décolletée, avec des manches courtes, ce qui lui confère un côté moderne par rapport au célèbre caftan. Enrichi de perles, paillettes et broderies fines, la blouza est portée dans la vie de tous les jours, mais aussi au cours des fêtes et des cérémonies religieuses. »

Éviter l'humour

Tout le monde n'a pas le même

Le sens de l'humour est un truc très spécial.

Et tout le monde ne le maitrise pas de la même manière. Donc le meilleur conseil que je puisse vous donner est d'éviter les bonnes blagues. Parce que le lectorat est tellement varié, que si vous ne gagnez jamais un visiteur avec une bonne blague, vous en perdez toujours un qui n'a pas aimé votre humour décalé. Conclusion : faites soft.

Vous avez lu plus haut la blague du *m'aaskri* ? C'est le même humour que les blagues belges. En termes de finesse, on peut mieux faire ; ce ne sont pas les blagues les plus délicates du monde. Or il s'agit pour vous d'être délicat, c'est-à-dire de faire passer votre lecteur avant vous.

François Truffaut m'a appris dans *Baisés volés* — et par l'intermédiaire de Delphine Seyrig — ce que pouvait être la délicatesse (le tact) comparée à la politesse : un monsieur entre par mégarde dans la salle de bain d'une dame en petite tenue et en sort aussitôt avec la formule usuelle : *excusez-moi Madame*. C'est de la politesse. Un monsieur entre par mégarde dans la salle de bain d'une dame en petite tenue et en ressort aussitôt avec cette formule pleine de tact : *excusez-moi Monsieur*. C'est de la délicatesse. Je vous laisse saisir la différence.

La franchise est devenue à la mode, on la considère maintenant comme une qualité là où des siècles et des siècles de bonnes manières l'ont toujours proscrit parce qu'ils y voyaient surtout de la muflerie. Évidemment, ça demande quelques efforts et ce n'est plus trop à la mode.

Eh bien c'est la même chose pour un blog : retenez-vous de faire les bonnes grosses blagues qui vous amusent.

Ce n'est pas le lieu…

Quelques exemples

Très compliqué là aussi de donner un exemple en négatif de ce qu'il ne faut pas faire… puisque je ne l'ai pas fait. Cela dit, j'ai dû produire quelques mauvaises blagues par-ci par-là, mais je n'arrive pas à les retrouver. Donc prenons les choses par un autre bout et tentons de dénicher un article avec un peu d'esprit, pas le mien (soyons gentleman), celui du XIX ° siècle.

L'article dans lequel je glisse quelques extraits du vieux livre d'Eugène Cruck sur Oran peut faire l'affaire puisqu'on y trouve une certaine forme *d'élégance* un peu désuète dont on peut malgré tout prendre de la graine :

M. Marcotte de Quivières se plaint : « Oran ressemble à une araignée sans corps. »

C'est Eugène Cruck qui l'écrit dans son livre « Oran et les témoins de son passé », un vieil ouvrage d'un peu plus de 300 pages dans lequel il parcourt de manière assez libre le patrimoine d'Oran tel qu'on le découvre dans les années 50.

Sauf qu'à la fin du livre, il s'intéresse à des personnages qui ont traversé le vieil Oran, et notamment celui du XIXe siècle.

M. Marcotte de Quivières, par exemple, inspecteur des Finances qui séjourne à Oran au cours d'une mission, décrit la ville telle qu'il la voit en 1844, dans son ouvrage « deux ans en Afrique » :

« L'aspect d'Oran, ses habitants, leurs mœurs, leurs allures sont tous différents de ceux d'Alger. Oran, situé à la fois au bord de la mer et dans les montagnes, ressemble au premier coup d'œil à une de ces grandes araignées que l'on nomme faucheux, mais avec cette différence qu'Oran est une agglomération de pattes jetées de-ci, de-là, sans être réunies à un centre commun, le corps. »

Éviter de donner d'emblée des réponses
Les réponses sont à la fin (éventuellement)

Il ne faut donner que des demi-réponses.

Les débuts de texte ne doivent pas répondre à l'entame du texte, sinon le lecteur ne continuera pas. Et en même temps, il faut bien donner quelque chose, sinon il ne continuera pas non plus... Donc, il s'agit de faire dans l'entre-deux : donner, mais pas tout à fait. Répondre à côté en générant de nouvelles questions pour le forcer à avancer.

Tout un art.

Je l'ai déjà écrit de nombreuses fois et je ne cesserai jamais de le répéter : la lecture sur un écran d'ordinateur est fatigante et ne favorise pas la concentration. Notamment à cause du scintillement. La conscience ne le perçoit pas, mais il est là, et il fatigue les yeux en les stimulant de manière violente. Donc ce n'est pas sur un ordinateur ou une tablette que vous allez pouvoir sérieusement lire un texte un peu long. Vous allez surtout scanner… plus ou moins efficacement.

Si vous voulez être réellement lu, vous allez devoir mettre en place des stratagèmes pour forcer le lecteur à ralentir sa lecture et cesser de scanner votre texte. Il n'y a pas 36 000 manières de s'y prendre, vous devez ruser avec l'esprit, aussi bien celui de votre texte que celui du lecteur.

Vous devez annoncer certains points et faire des détours avant d'arriver à destination. Posez des questions et n'y répondez pas tout de suite, faites des digressions qui posent d'autres questions (sans vous attarder outre mesure), donnez des demi-réponses, et avancez par petits pas. Vous verrez que le lecteur ne scannera plus.

Et vous serez enfin lu en profondeur.

Quelques exemples

Je prends ici le cas d'un de mes premiers articles parce qu'il a le mérite d'être clair du point de vue qui nous intéresse. Il y a une question et pas de réponse, mais au contraire, le détour rapide (phrase2) par une digression, puis plus loin, une seconde question pour continuer de tenir le lecteur en haleine :

J'ai beau chercher sur tous les sites, je ne vois pas trace de la corrida d'Oran qui était prévue pour décembre 2011.

Ce que je vois, en revanche, c'est le ramdam incroyable que l'annonce de cet événement a suscité sur tout le continent africain.

Après avoir fait le tour de la presse algérienne, il me semble que l'article à l'origine de la révolte unanime se trouve sur le site Oran-DZ.com. Il date du 11 août 2011.

Il rappelle que les arènes ont déjà été fermées une première fois durant la présence française puis rouvertes en 1954. Il faut dire que les Français à Oran étaient pour une grande part d'origine espagnole.

Ils ont dû mettre la pression sur la mairie de l'époque.

Mon père raconte : « Je vois le boulanger qu'on avait, c'était des Martinez aussi, quand il y avait le Real de Madrid contre le Stade de Reims, il était pour le Real. Il prenait l'avion pour aller voir le Real jouer à Madrid. Il ne prenait pas l'avion pour voir le Stade de Reims à Paris. C'était une mentalité espagnole. »

Oran était une ville française très très très espagnole.

Il y a un excellent article qui donne quelques précisions à la fois actuelles et historiques.

Le papier date du 27 décembre 2011 et annonce la corrida pour mars 2012. Apparemment, les anti-corridas ont arraché un délai. Ont-ils obtenu l'annulation pure et simple ? Je n'ai plus trace de quoi que ce soit par la suite.

Éviter les gros effets de style

Les gros effets de style n'ont rien d'attractif

Ne pas se prendre pour un écrivain, on se plante à tous les coups.

Les répétitions de formes (il m'est arrivé d'en faire, exemple ci-contre à l'appui) sont tellement balourdes qu'il vaut mieux les éviter. Les images d'Épinal aussi, sans compter tout un tas d'expressions qu'on trouve intelligentes et qui ne le sont pas. Je n'ai qu'un seul conseil ici : écrivez normalement.

Ce qui ne signifie pas signer un pacte avec le diable pour vendre son âme. On peut très bien écrire simplement en y glissant son âme à tous les coins de phrase. Mais il faut aller au plus simple et c'est de loin le plus difficile. Se dégager de formes littéraires qu'on trouve jolies et qui indiquent surtout qu'on ne sait pas écrire autrement qu'en suivant des codes.

Plus vous utilisez des formules courantes (bien souvent extraites d'une écriture journalistique devenue référence) plus vous tombez dans le commun des mortels et moins vous êtes compréhensible. Pourquoi devenez-vous incompréhensible en écrivant comme tout le monde ? Parce qu'en choisissant d'écrire à la manière de tout le monde, votre propos est interprété selon la doxa, que cela vous plaise ou non.

En éliminant les formules passe-partout qui vous paraissent intelligentes — mais qui ne le sont pas — et en vous concentrant sur l'idée que vous cherchez à faire passer, vous éclairerez votre pensée et la clarté du propos en sortira renforcée. Peu à peu, vous apprendrez à être simple et à glisser votre subjectivité en toute délicatesse.

Il n'y a que ça de vrai.

Quelques exemples

Chose promise, chose due : l'effet de répétition — et je le limiterai finalement à ça — pour que vous compreniez bien que les apparences peuvent être lourdes.

C'était l'un de mes premiers articles. J'aimais à m'enflammer pour le plaisir d'enflammer mes phrases. Mais on se lasse vite de ce petit jeu, sauf à aimer se regarder dans le miroir, or j'ai trop de rides.

Je vous conseille d'aller jeter un œil sur l'article qui parle de l'église Saint-Louis et qui s'appelle sobrement (c'est bien le seul endroit où il reste sobre) « La vieille église Saint-Louis :

La grande cathédrale cligne de l'œil à tout va, l'église Saint-Louis regarde droit devant elle. La grande cathédrale s'échine, l'église Saint-Louis s'élève. Question de posture : on met du fard pour attirer les grands de ce monde ou des robes blanches pour accueillir les démunis. Les valeurs sont éternelles. L'église Saint-Louis est une vieille dame qui ne craint rien du temps : noblesse oblige.

La vieille église Saint-Louis sait que les amoureux font des bêtises dans le petit tunnel sous ses jupons, elle les protège.

La vieille église Saint-Louis sait que la Vierge de Santa Cruz protège la ville de loin, elle protègera de près ceux qui se cachent derrière ses arcs. La vieille église Saint-Louis est une grand-mère espiègle avec les galopins qui courent dans ses ruelles et jouent au foot place de la Perle. Elle les regarde descendre les escaliers comme des furies derrière leur ballon vert et les bénit.

Éviter d'écrire sur commande

Vous n'écrirez pas votre texte

Ne perdez pas votre âme en écrivant sur commande.

On peut écrire sur commande, mais c'est beaucoup plus compliqué qu'il n'y parait. Un exemple ci-contre sur « les feux de forêt », un article de Memoblog. Je ne le sentais pas, je l'ai fait, je l'ai raté. Écrire en se mettant à la place de quelqu'un d'autre demande un certain temps et beaucoup de talent. Si ce temps-là n'existe pas, alors il vaut mieux éviter d'écrire pour autrui, on se trompera de texte.

Commencez par écrire pour vous et trouvez votre voix. C'est encore plus valable pour un site en ligne ou un blog. Il y a une tonalité à chercher, une petite voix intérieure, ce qui s'appelle le regard. Ce regard-là est capable de tout une fois qu'on l'a trouvé ; il va pouvoir écrire comme bon lui semble, et même se cacher si vous écrivez pour quelqu'un d'autre, par les yeux de quelqu'un d'autre.

C'est en cela que le travail sur commande est difficile. Il implique que vous connaissiez parfaitement vote petite voix intérieure de manière à être capable de la masquer quand vous vous glissez dans la peau d'un autre. Sinon vous évoquez le sujet de la personne avec votre propre voix.

Commencez à beaucoup écrire pour vous-même et cherchez la tonalité dans laquelle vous vous sentez à l'aise. Au bout de quelques dizaines d'articles, vous commencerez à vous sentir à l'aise à l'intérieur d'une manière d'être. Vous serez alors peut-être à même d'écrire pour les autres, soit en conservant votre style, soit en l'effaçant. Mais il faut savoir quel est ce style.

Si ce n'est pas le cas, n'écrivez pas sur commande.

Quelques exemples

Le mauvais texte (court et sans la moindre inspiration) sur les feux de forêt :

À Oran, c'est comme dans les Landes en France, chaque été, on passe son temps à lutter contre les incendies de forêt.

Ces derniers jours, si j'en crois Djazairess, la forêt de Madagh a vu huit de ses hectares ravagés par les flammes. « Selon un bilan de la Protection civile, quatre incendies ont été signalés vendredi dans la wilaya d'Oran où une vingtaine d'hectares de massifs forestiers, de maquis, de broussailles et de récoltes ont été détruits. »

Les raisons sont souvent identiques à celles que nous connaissons en Gironde, « 80 % des feux de forêt sont d'origine humaine et 20 % sont dus aux canettes et aux bouteilles abandonnées qui s'enflamment rapidement au contact de la chaleur et du soleil. » On peut aussi rajouter les mégots de cigarettes et les méchouis bien arrosés qui ne facilitent pas la prise de conscience.

Plus surprenant peut-être, et c'est El Watan qui me l'apprend, les moissonneuses-batteuses des fellahs ne sont pas exemptes de tout reproche. Certaines d'entre elles rejettent des étincelles au niveau des tuyaux d'échappement et provoquent des départs de feu.

Il faudrait labourer les parties du terrain en contact avec le bord des routes et des forêts et faire un peu de prévention chez les agriculteurs. Mais pourra-t-on vraiment lutter contre ces fléaux ?

En 2011, le problème s'était déjà posé. En 2010 aussi, ainsi qu'en 2007. Et probablement chaque année depuis longtemps, je ne suis pas allé fouiller.

Ce que je sais en revanche, c'est que les forêts ont beaucoup souffert durant les années 90 parce que les terroristes s'y cachaient et que l'armée brûlait la moitié des arbres pour pouvoir survoler le maquis avec plus d'efficacité.

Il y a de nombreuses façons de martyriser une forêt.

3 — CRÉER DU CONTENU

Lorsqu'on s'est mis en tête de produire un article par jour (et pendant quatre mois, deux articles, voire quatre quand je voulais prendre de l'avance...) on est rapidement confronté à la question suivante : de quoi vais-je bien pouvoir parler aujourd'hui ? Et l'on comprend alors qu'il va falloir réfléchir à la façon de diversifier le contenu, tout en restant exigeant avec soi-même, parce qu'il ne s'agit pas de publier pour publier.

Très vite, on comprend aussi que tout est possible, qu'il ne faut rien s'interdire, et que la moindre question vaut la peine qu'on y réfléchisse pour lui faire honneur. Au bout de quelques mois, on aime tout ce qui se présente sous la main, qu'il s'agisse d'une photo, d'une question, d'un regard, d'un bout de film, ou d'un témoignage.

Tout devient intéressant à raconter.

Écrire des textes informatifs et subjectifs
Votre point de vue intéresse le lecteur

Informer le lecteur c'est bien, en montrer l'impact c'est bien aussi.

Créer de l'information tous les jours, tout le temps, n'est pas chose évidente. Mais c'est parce qu'on oublie souvent que le regard porté sur une information est aussi une information. Un jour une information objective, et le lendemain, une information subjective sur l'information objective de la veille. Voilà un sentiment qui est aussi une information et qui intéressera le lecteur.

Je suis toujours étonné de constater que les blogueurs cherchent à se prendre soit pour des journalistes, soit pour des éditorialistes. Or, c'est dans l'entre-deux que se situe le blog. Je l'ai l'écrit comme un slogan sous tous les articles de Memoblog : *Un blog est à la fois général et particulier. Le sujet est commun ; l'angle est personnel.*

La manière dont vous avez perçu une information brute est au moins aussi importante que l'information elle-même, surtout si votre avis ne porte pas sur vos goûts et vos couleurs qui n'ont aucun intérêt. Chacun les siens donc on laisse tomber. Le regard est plus intéressant.

Surtout la façon dont vous projetez votre regard sur l'information, l'éclairez d'une autre manière, et non si vous la trouvez jolie ou pas jolie. Il faut proposer une autre manière de regarder l'information. C'est beaucoup plus difficile que de donner son propre avis (ce que font la plupart des chroniqueurs et qui finit par devenir insupportable de charivari égocentrique), mais aussi beaucoup plus intéressant.

Parce que le but est d'ouvrir le regard du lecteur à d'autres perceptions.

Quelques exemples

Je reprends le cas du musée Nessler à Oran parce qu'il est peut-être l'article dans lequel j'ai mélangé à peu près correctement l'informatif et le subjectif. Je prends un passage vers le milieu de l'article qui me parait le plus éloquent :

Constant Louis Nessler nait à Paris en 1856 et part pour l'Algérie à 25 ans, d'abord pour s'installer à Alger, puis très vite, à Oran. Mais ses racines sont lointaines.

Il est issu d'une famille protestante de Strasbourg qui émigre en Autriche lors de l'Édit de Nantes en 1685, et dont une partie revient plus tard en Alsace, puis à Paris. Son frère aîné Jules est resté à Vienne où il devenu directeur de la Compagnie Impériale et Royale « Vienne-Trieste ». (Source Geneviève Nessler-Pont)

Je ne sais pas si Constant Louis Nessler avait l'intention de rejoindre l'Autriche un jour ou l'autre, mais à partir de 1867, l'Empire d'Autriche est défait et devient une double monarchie : l'Autriche-Hongrie.

Son Empire disparait, et voilà Monsieur Nessler qui se met à fantasmer autour du premier de tous les Empires, le Romain.

Hypothèse toute fantaisiste, mais suffisamment séduisante pour être prise en compte durant quelques lignes.

Beaucoup d'informations et en même temps un réel regard porté sur l'homme et la naissance hypothétique du musée Nessler.

Le lecteur se retrouve face à un regard qui n'avait jamais été porté de cette manière sur ce musée. Je rassure tout le monde, c'est surtout parce que tout le monde s'en fichait jusque-là.

Porter un regard, c'est aussi ça, montrer que des choses inintéressantes peuvent cesser de le devenir à partir du moment où l'on porte un regard différent sur elles.

22

Préparer les textes

Votre organisation est importante

Fixez-vous deux heures et prévoyez les thèmes de vos articles.

Écrire des textes régulièrement demande une certaine organisation sans quoi la perte de temps est importante. Il faut prévoir la thématique de votre texte et y inscrire la documentation qui l'accompagne. Vous bloquez deux heures le samedi matin, entre 8 h et 10 h, et vous consacrez une heure à la préparation de chacun des deux textes de la semaine, thématique et documentation comprises. Vous laissez reposer, et deux jours plus tard, vous écrivez.

Il est important de s'y prendre à l'avance et pas seulement pour une question de temps. Lorsque votre esprit a décidé de la thématique d'un article et qu'il a commencé à plonger dans de la documentation, c'est un peu comme si vous aviez lancé la machine, il n'est plus possible de faire marche arrière. La tête organise peu à peu les informations, en arrière-plan, même pendant que vous êtes en train de courir ou d'amener la petite à l'école.

C'est pour cela qu'il faut absolument se fixer un moment pour prévoir le sujet et trouver un début de documentation dans la semaine : pour lancer le cerveau sur la piste. Dans l'idéal, il faudrait vous laisser une semaine de maturation durant laquelle le cerveau va trouver de nouveaux documents et une nouvelle façon d'aborder l'article, un angle de vue.

Parce que c'est le plus difficile et que ça ne se trouve pas forcément sur commande. C'est une espèce d'illumination ; subitement, en plein milieu d'une activité (qui bien souvent n'a rien à voir) on comprend comment on va aborder l'article.

Et on se lance.

Quelques exemples

Là, il faut tout de même séparer deux types d'articles : ceux que j'ai écrits entre avril et novembre 2012 d'une part, et ceux écrits entre décembre 2012 et juin 2013 d'autre part. Les premiers sont relativement courts, quotidiens, et écrits « à l'arrache ». Les autres sont plus longs, plus fouillés, plus historiques, et ne paraissent que deux fois par semaine, le mercredi et le samedi. Le travail n'est pas le même.

Pour des petits articles, il me suffisait de parcourir rapidement des livres ou des sites qui parlaient d'Oran pour que mon cerveau fasse tilt à un moment ou un autre sur un petit élément incongru. Je savais alors que je tenais mon article.

Pour les articles plus longs écrits après décembre 2012, il me fallait beaucoup travailler pour dégager les connaissances nécessaires à la rédaction d'un article approfondi. Là, je devais :

1 — Trouver la thématique assez vite.

2 — Trouver la documentation adéquate (ni trop complexe ni trop simple).

3 — En extraire ce qui valait le coup d'être raconté.

4 — Commencer l'écriture assez tôt pour trouver l'angle de vue.

5 — Reprendre l'article depuis le début pour l'homogénéiser.

6 — Lisser le style pour le rendre parfaitement lisible.

Tout dépend de ce que vous voulez faire de votre blog, un site de référence ou un site d'opinions. Le site d'opinions est plus rapide, mais deviendra assez vite obsolète. Le site de référence possède une plus grande durée de vie.

23

Trouver une idée de texte

Un point commun est une idée

Fouiller à la recherche de deux éléments qui ont un point commun.

Une véritable idée est une relation établie entre deux éléments distincts. Donc, prenez deux éléments et trouvez-leur un point commun : vous tenez votre idée de texte. Entrainez-vous régulièrement. Vous regardez votre portable et une fourchette et vous vous posez la question du point commun. Vous verrez que l'esprit fera des liens. C'est dans sa nature.

C'est souvent ce que les gens ont le plus de mal à comprendre : l'idée est le résultat du frottement entre deux éléments. Elle est un *lien*. Un lien que votre esprit fait entre deux choses qu'il n'avait pas reliées jusque-là et qui maintenant s'éclaire en lui. C'est la petite ampoule qui s'allume soudain au-dessus de sa tête parce qu'il vient de réaliser comment il pouvait répondre à un problème ou tout simplement aborder un sujet.

Vous devez par exemple parler des cinq ravins sur lesquels est construite la ville d'Oran ? Ce n'est pas une idée. C'est une thématique. C'est votre sujet. L'idée est ailleurs : comment allez-vous en parler ? Faire de l'historique ? L'article risque surtout d'être ennuyeux. Donc, trouver quelque chose qui puisse venir se coller aux ravins pour frotter et faire jaillir une lumière.

À l'époque, j'avais fini par me dire que je miserai sur *beaucoup de photos* retouchées et légendées plutôt que sur le texte seul. Un juste déséquilibre entre deux formes qui frottent l'une contre l'autre. Lorsque j'ai visualisé l'article sous cette forme-là, j'ai pu commencer à l'écrire.

Autrement, ce n'était pas possible...

Quelques exemples

Pour tenter de faire saisir ce que j'appelle une idée de texte, je vous propose des exemples qui tournent autour de quelques articles de Memoblog-Oran.

– À commencer par l'article « Oran : une ville qui commence à être travaillée par ses ravins », donc : frottement entre deux formes (texte et image) plus qu'entre deux idées ici.

– « Le Sheraton d'Oran : hôtel du XXI ° siècle » est un article que je n'ai réussi à écrire que lorsque j'ai trouvé l'angle de frottement, subitement : Il s'agissait de saisir que l'hôtel se trouvait à l'est de la ville et la ville historique à l'Ouest. À ce moment-là, l'ouest et l'est se sont frottés et il est devenu possible de faire un article ouest-est comme trajectoire historique de la ville.

- « Entre les rues de Montpellier et le quartier d'Eckmühl » est un article dans lequel je me rends compte que l'auteur (qui tient un site sur Montpellier) a glissé tout en bas de son site un petit coin sur sa ville d'origine, Oran. Comme une strate inconsciente qui se loge en profondeur. Le lien est fait entre la structure du site et la structure psychique (hypothétique et sans prétention) de l'auteur.

– « Les Sidi el-Bachir du centre et de la périphérie d'Oran » est un article qui s'est imposé à moi le jour où j'ai découvert que Sidi el-Bachir n'était pas seulement un petit mausolée perdu sur le plateau Saint-Michel, mais aussi - et surtout - le nom d'un grand bidonville à l'extérieur de la ville. Frottement inévitable entre les deux… et texte.

24

Écrire un texte hors-jeu

Abordez de temps en temps un sujet incongru

Sortir des sentiers battus est une nécessité pour tout le monde.

Le sentiment de la surprise et de l'étrange permet au lecteur de s'extraire de ses habitudes. On a toujours besoin de se défaire d'un quotidien confortable. Les habitudes de lectures sont agréables, mais attention à la lassitude de l'éternel retour du même. Donc de temps en temps, se surprendre soi-même, et prendre une thématique qui n'a rien à voir avec le sujet. Puis… chercher un point commun. Un point commun est une idée. Ne pas abuser.

Parce que ce n'est pas sans risque malgré tout.

Mais comme vous n'allez le faire que de temps en temps, ce n'est pas bien grave non plus. Au contraire, sortir des sentiers battus permet de tester votre lectorat ; qui est-il au juste ? Est-il capable de répondre favorablement à du délire autour de votre sujet ou bien est-il très sérieux et à la recherche d'informations qui ne sortent pas du cadre fixé et annoncé dans votre page de présentation ?

J'ai testé sur mon blog consacré à Oran et j'ai quand même pu constater que les gens venaient d'abord chercher de l'information. Ensuite, éventuellement un peu de poésie (et encore je m'entends sur le terme : une manière joliment tournée de donner de l'information et quelques émotions). Mais le délire complet autour de la thématique ne passe pas.

Dans un blog, il y a vraiment un équilibre à trouver avec la moyenne générale des lecteurs. Et la moyenne générale des lecteurs n'est pas délirante, mais vient pour lire quelque chose de lisible, donc prudence.

Sortez des sentiers battus… mais de temps en temps

Quelques exemples

Un exemple de texte délirant qui n'a pas marché. Il n'empêche, je lui trouve une certaine poésie, et je connais quelques lecteurs qui adorent. Mais pas la majorité...

Le titre ? *Des mouettes aux arquebuses.*

Je vois parfois des mouettes qui volent sur les parvis d'église. C'est rare, mais ça existe. Je vois des hommes qui prennent des mouettes et les embarquent dans leurs sacoches pour les donner à Karguentah.

Le marché de Karguentah est bien connu des philatélistes, car sur les timbres des années 50, on voit des arquebuses qui flottent sur les clochers. Il arrive que certaines d'entre elles tombent au sol et s'éparpillent en éclats de verre.

Dans ce cas-là, bien sûr, les hommes ne peuvent rien faire. Une fois, l'un d'entre eux s'est approché. Les éclats se sont reconstitués et l'arquebuse s'est envolée vers la Montagne des Lions.

Le lendemain, le rédacteur en chef de l'Écho d'Oran expliquait à ses lecteurs dans un éditorial mémorable que la lumière arrivait de Mers el-Kebir. Et que dans ces conditions, l'arquebuse ne volerait pas plus loin qu'Arzew. Le fait est qu'on la retrouva le lendemain derrière le kiosque de la République. Une mouette l'avait trahie.

Si l'on considère maintenant les arquebuses et les mouettes sous un angle purement formel, on pourra relever la présence d'éléments contradictoires :

– Les arquebuses possèdent deux « u »

– Les mouettes n'en possèdent qu'un.

À ces mots, les mouettes furent tellement choquées qu'elles décidèrent de passer la frontière marocaine. Personnellement, je n'avais jamais vu ça. Il faudra demander ce qu'il en pense au rédacteur en chef qui vit dans le cabanon des Andalouses depuis longtemps.

25

Reprendre une vieille information
Écrire en texte en s'inspirant des autres et le remanier

Diffuser une vieille information est une façon de lui redonner vie.

Il y a beaucoup d'informations qui traînent et qui n'ont plus lieu d'être dans l'actualité. Mais l'actualité n'est pas toujours le must. Un contenu froid est souvent plus pertinent puisqu'il ne se périme pas. Reprenez de vieilles informations (années 70) et amusez-vous à les implanter dans le XXIe siècle. Vous verrez que le lecteur est friand de ce genre de contrastes.

Tous les contrastes sont bons à prendre puisque c'est du frottement entre deux éléments que naît l'idée. Rappelez-vous, j'en ai parlé plus haut (23) ; une vieille information vient forcément contraster (frotter) avec une information récente et apporter un éclairage (une idée lumineuse) sur l'information.

Cela peut être un ancien texte, une ancienne photo, un ancien témoignage. Tout ne fonctionnera pas à merveille dans le frottement avec le présent, mais vous trouverez forcément des résonnances qui ne laisseront pas vos lecteurs indifférents parce que le monde change de plus en plus vite et que les frottements génèrent des étincelles de plus en plus vives. Quoi de commun entre les années 70 et notre monde numérique ?

Quoi de commun entre notre monde numérique et le XIXe siècle ? Beaucoup plus qu'on ne le pense, mais focalisé sur l'essentiel : l'humain. Je m'en suis énormément servi puisque je tenais un blog sur Oran et que celui-ci était à 50 % constitué d'informations historiques que je mettais en relation avec le présent.

Il y a beaucoup de choses à extraire de la reprise d'une ancienne information.

Quelques exemples

Des vieilles informations, sur Memoblog-Oran, il y en a partout, puisqu'il s'agit d'un site où j'aborde la ville sous tous ses aspects, et le plan historique n'est pas le moindre d'entre eux.

Mais je vais prendre ici le cas de mon dernier article sur le blog et qui concerne le plus grand musée de la ville dans lequel se trouvait notamment un tableau de Gustave Courbet : *La biche morte*. Tableau volé…

Dans la nuit du jeudi 24 au vendredi 25 octobre 1985, La biche morte disparait.

Le tableau de Gustave Courbet attribué au Musée du Louvre en 1951, et déposé au Musée Ahmed Zabana (ex. Demaëght) en 1954, est volé par la mafia du monde des arts.

Il ne reparaîtra qu'en décembre 2001, à Paris.

La vente aux enchères est organisée à l'hôtel Georges V, à deux pas de la place de l'étoile, et la biche est devenue chevreuil. Plus exactement « la mort du chevreuil ». Point de sexe dans les arts.

Mais la police veille et le tableau finit au Musée d'Orsay.

« On ne sait pas pourquoi les autorités algériennes n'en ont pas été informées, ce qui aurait permis au musée Zabana de se porter partie civile. On aurait eu un éclairage sur le destin du deuxième tableau. Mais il faut savoir patienter. Désormais, on est dans l'attente du prochain épisode : le retour de la biche morte. »

À qui appartient quoi ? Éternel problème. Chacun verra midi à sa porte. C'est sur algerlablanche.com pour le détail rocambolesque de la fourgonnette suspectée. Un article du 2 juillet 2009… Huit ans plus tard, l'Algérie découvre donc que les tableaux volés (il y a aussi un Monet) sont à Orsay. C'est tellement énorme que je me demande si j'ai bien compris. Il faudra m'éclairer.

26

Chercher sur Google Images et Vidéos
Nourrir ses textes d'un contenu périphérique.

Le contenu « pertinent » ne l'est pas toujours tant que ça.

Bien souvent, on cherche des informations et on trouve ce que tout le monde sait déjà depuis longtemps. C'est ce qu'on appelle du contenu pertinent. J'exagère, mais on n'est pas forcément très loin de la vérité. Les pépites se trouvent ailleurs, dans le contenu périphérique, à la limite du hors sujet. Dans les images et les vidéos associées aux mots-clés. J'y ai souvent trouvé de quoi rassasier ma curiosité et, bien sûr, de quoi en faire un texte.

Je m'en suis notamment rendu compte de manière très nette en tombant sur un document vidéo qui reprenait la présentation d'un tableau peint par une ancienne Oranaise. J'avais tapé le nom d'un chanteur repéré sur une radio et atterri avec des propositions YouTube au milieu de tout le reste. Depuis ce jour-là, j'ai souvent lancé des requêtes aussi bien dans Google que directement sur YouTube ou Dailymotion pour ne plus seulement obtenir des résultats qui collent avec le sujet, mais aussi des pépites hors contexte, surprenantes.

D'une certaine manière, ce type de technique rejoint le point 24 (écrire un texte hors-jeu) tout en étant moins décalé que les mouettes et les arquebuses sorties tout droit de mon imaginaire. Il permet de varier les sujets et de sortir de temps en temps du traitement classique de la thématique de base.

À partir de là, je conseille même de tenter plusieurs moteurs de recherche différents, et de filer aussi dans des bibliothèques comme Gallica pour lancer des mots-clés à l'intérieur de leur outil de recherche.

En résumé : ne vous limitez plus à Google…

Quelques exemples

Le contenu le plus intéressant trouvé de cette manière — et qui m'a poussé à faire un article là où j'avais prévu un autre sujet ce jour-là — est celui qui concerne un tableau que j'ai fini par appeler pour moi-même « les petits personnages peints de La Sénia ».

Il a été réalisé par Catherine Quessada et mis sous la forme de « photorécit » (mot employé par les créateurs) par Jean-Paul Voglimacci. Je le trouve extrêmement touchant et je n'aurais jamais pu le découvrir si je n'étais pas allé voir du côté de YouTube au lieu de me jeter tout de suite sur Google, comme n'importe quel affamé d'informations.

Des détails sur la pépite :

Présentation classique pour commencer : « *Tableau créé pour mon époux – Représente le village de « La Sénia », petit village où il est né – La Sénia se situe près de l'aéroport d'Oran – Se référer aux articles du Blog : « La Sénia de mon enfance » crée par Jean-Paul Voglimacci – Autour du kiosque se trouvent réunis tous les amis d'enfance de mon mari que nous réunissons régulièrement.* »

Puis un commentaire sous le tableau et enfin, LA précision tant attendue : « *Tout le fond du tableau est peint à l'huile, par contre les personnages sont des photos prises de tous les copains à mon mari de son village, photos actuelles que j'ai intégrées au tableau puis vernies.* »

*

Sinon, sur d'autres sujets, j'y ai par exemple trouvé des vidéos sur le téléphérique de Santa Cruz, ou encore des circuits en voiture qui m'ont permis de me promener dans la ville, et de construire des articles.

Tout est possible de nos jours…

27

Faire parler les gens

Les autres sont plus intéressants que vous

Demander aux personnes qu'on apprécie si elles veulent bien être publiées.

Les gens savent beaucoup de choses. Il ne leur manque que la parole. La parole écrite, en tout cas. Soit qu'ils ne savent pas écrire, soit qu'ils s'en fichent. Beaucoup n'ont pas besoin de raconter ce que la vie leur a appris. C'est dommage pour tout le monde, mais pour vous, c'est une aubaine. Partez à la recherche de ceux qui savent des choses et publiez leur enthousiasme.

C'est ainsi que j'ai commencé sur Memoblog- avant même la création du blog. J'ai recherché des personnes qui habitent à Oran. J'ai rencontré quelqu'un qui m'a raconté une histoire sur la colline de Santa Cruz avec un chacal doré. Très vite, je me suis dit que cette petite anecdote méritait un texte parce qu'une merveilleuse poésie se cachait derrière elle.

Mais il y a un mais... La plupart des gens n'aiment pas la publicité. Il n'y a que les fondus de télé-réalité qui désirent plus que tout se retrouver sous le feu des projecteurs, le commun des mortels ne fonctionne pas ainsi, et cherche surtout la discrétion. Donc il n'est pas toujours simple de trouver des volontaires.

Au début du blog, je racontais ma vie assez facilement, et je mêlais le nom de certaines personnes dans les articles. Je n'en disais que du bien donc il n'y avait pas mort d'homme, mais je me suis assez vite rendu compte que l'effet était contre-productif, et que le bruit circulait qu'il valait mieux éviter de se confier à moi sinon on finirait dans un article. Donc, veillez à trouver le juste milieu.

Mais tentez le coup parce que les gens sont passionnants.

Quelques exemples

Pour le plaisir, la fin du texte de mon ami.

Le début se trouve quelques pages plus haut, dans la partie 12, consacrée au texte « en gras » dont je prescris la mise à l'écart. Rappelez-vous : « La phrase est suffisamment forte pour se passer de gras. »

*

Le chacal doré ressemble à un petit chien berger, mais son dos verdoyant comme un bosquet le trahit. Sur le moment, on n'a pas compris pourquoi cet animal faisait son apparition juste à l'instant de notre arrivée.

Et puis nous avons vu deux petites oreilles qui dépassaient d'un trou et nous avons compris. Nous étions sur le terrier du chacal doré.

Nos deux chiens ont commencé à aboyer sur le petit.

De peur, il est sorti de sa cachette et a pris la fuite. C'était une grande erreur de la part de ce petit sans expérience. Rex et Rose l'ont poursuivi et rattrapé. On les a suivis pour les empêcher de faire un massacre.

Hélas, c'était trop tard pour stopper le carnage. Le spectacle était cannibalesque. Sa mère nous a chargés plusieurs fois, mais elle n'a pas pu préserver son petit.

La scène était vraiment triste.

En voyant la mère sentir le cadavre, nous étions tous en larmes à cause des cris lancés par le chacal doré comme si elle prononçait la mort de son petit. Nous ne voulions pas tuer ce petit. Nous avons tous décidé de rentrer après cette âpre randonnée.

Depuis cet événement, nous avons décidé de lutter contre les randonnées mal organisées sur des lieux sauvages.

À la mémoire de notre chacal doré.

28

Une question est aussi de l'information
Posez-vous ouvertement les mêmes questions que le lecteur

Rejoindre le lecteur dans ses questions vous rapproche de lui.

Répondre aux questions de vos lecteurs c'est bien, lui montrer que vous avez aussi des problèmes n'est pas négligeable. Restez sobre et léger, il ne s'agit pas de déballer votre vie privée. Mais être capable de mettre en forme ses propres problèmes est une manière de rejoindre le lecteur dans sa condition d'individu à problème. On en est tous là de toute façon.

La difficulté est toujours de ne pas sombrer dans le pathos, le dégoulinant, le privé, qui n'intéressent que les magazines à paparazzi et les gens qui n'ont rien d'autre à faire de leur vie ou qui patientent chez leur dentiste. Tout le monde est curieux des affaires privées des stars, mais si on propose mieux, les personnes s'en détournent assez facilement.

Donc montrez un peu de votre questionnement intérieur, mais toujours en rapport avec le sujet que vous avez décidé de traiter, et non avec des émotions trop intimes. Les questions génèrent toujours des émotions, mais il faut savoir trier, et ne donner que ce qui vaut le coup d'être raconté. Le déballage est à proscrire. Faites preuve d'élégance et surtout d'intelligence : distinguez ce qui fait sens.

Ce qui fait sens ? Un questionnement dont vous pressentez qu'il peut être commun à un certain nombre de vos lecteurs et qui permet d'avancer dans une recherche personnelle.

Si vous êtes capable de pointer du doigt des questions implicites, vous avez gagné.

Quelques exemples

« Serge Durrieux connaissait-il Charles Brouty ? » Une réelle question qui s'est posée à moi devant la couverture d'un livre de Serge Durrieux et un dessin de Charles Brouty. Un lien évident entre les deux… et des questions.

Je suis très étonné par la photo de la couverture du livre de Serge Durrieux.

C'est en prenant l'album pour mettre les réponses aux photos de vendredi que j'ai « vu » la couverture.

La ressemblance avec le dessin de Brouty est flagrante.

Chacun y voit ce qu'il veut, bien entendu, ça ne me pose aucun problème. Mais en mon for intérieur, je n'ai aucun doute : Durrieux met cette photo (prise avant 1962) en référence au dessin extrêmement évocateur de Brouty.

Et elle me conforte dans l'idée que j'avais vu clair chez Brouty.

Un fantôme en blanc passe en diagonale devant le Théâtre de la place d'Armes.

Pour Brouty, on est avant 1962, il y a du monde devant le théâtre. Des Européens. Le fantôme se promène le long de la diagonale, sans un regard pour l'édifice. La diagonale s'oppose tellement aux verticales et aux horizontales du Théâtre qu'on est obligé de comprendre ce que le dessin signifie.

Pour Durrieux, publié en 1982, la diagonale devant le Théâtre est identique. Pas un regard non plus pour le bâtiment. Mais plus un seul Européen nulle part.

On comprend très bien aussi ce que signifie la photo. Le Théâtre est rendu à sa solitude. C'est une photo extrêmement mélancolique.

Le Lion de la mairie discute avec son compère le Théâtre. Et le fantôme chemine entre les deux colosses aux pieds d'argile.

Civilisation déchue.

Durrieux est grand.

Décrire des documents

Entrez dans le détail d'un objet à partager

Vous aimez un objet que vous connaissez bien ? Faites-en la description.

Décrire par le menu quelque chose que vous aimez est un moyen particulièrement efficace de transmettre votre passion. Et transmettre sa passion, c'est rendre joyeux, créer de l'énergie, donner envie au lecteur de faire la même chose ou de donner son envie. Une passion laisse rarement indifférent.

Surtout si elle peut toucher du monde. Lorsque j'ai commencé le blog sur Oran, je savais qu'il existait au moins un lectorat potentiel, et que je tenais les cartes en main. Il me suffisait d'écrire en conservant ma passion pour rencontrer des lecteurs… et d'être un peu patient. Transmettre sa passion est à la fois simple et complexe puisqu'il ne faut pas entrer dans des détails qui n'intéressent que soi et pourtant aller un peu au fond des choses. Il existe un juste milieu à trouver.

Sur une ville comme Oran, il est possible de prendre des tas de sujets très différents pour entrer dans le sujet et focaliser le regard sur des détails que les gens regardent peu. Le parc municipal, la place d'armes, la Casbah, etc. Les possibilités sont infinies.

Et si vous tenez un site sur les papillons ou la couture, les possibilités seront tout aussi infinies ; il vous suffira de plonger dans le détail d'un élément pour que le lecteur découvre un monde qu'il ne soupçonnait pas. Votre monde. N'allez pas au fond des choses, ça ne sert à rien, mais approfondissez un peu, et vous passerez déjà pour un expert.

Le mot vous parait exagéré ? Un expert est quelqu'un qui en sait davantage sur un sujet que 80 % des gens.

Je suis sûr que c'est votre cas.

Quelques exemples

Dans l'article « Petites choses relevées sur la promenade Ibn Badis ex. Létang » je me promène dans les allées du jardin pour révéler aux passants ce qu'ils ont tendance à ne pas voir : les petites plaques à l'entrée, les stèles cachées, les kiosques disparus.

– Les plaques de l'artisan céramiste du coin, Bartolomé Jorba
– Les escaliers de la promenade non loin du kiosque
– Le monument aux morts des marins
– La stèle qui se trouvait sous le buste de Jeanne Dortzal
– La porte du caravansérail

Dans l'article « Les métamorphoses historiques de l'église Saint-Louis », je me promène dans l'histoire, cette fois-ci, et je fais une recension des différentes strates sur lesquelles repose l'ancienne cathédrale.

– La mosquée Ibn al-Baytar (1347)
– L'église espagnole à l'arrivée du Cardinal Jiménez (ap 1509)
– La synagogue sous les Ottomans (1708-1732)
– L'église catholique au retour des Espagnols en 1732
– L'église abandonnée suite au tremblement de terre de 1790
– L'église reconstruite par les Français en 1838
– L'église-abri de 5 familles jusqu'en 2004

*

Vous êtes passionné de papillons ? Rien ne vous empêche, vous aussi, d'entrer dans les détails d'un historique ou d'une répartition géographique.

– 30 –
Écrire sur les people
Les célébrités sont vos amies

Ne négligez pas le côté people, on est tous pareils, des petits curieux.

Même si on s'en fiche. Et la plupart du temps, on s'en fiche complètement. Mais on est tous curieux de la célébrité et de ses oripeaux. Cherchez les gens célèbres, les lieux célèbres, les objets célèbres, les anecdotes célèbres, liés à votre thème, et de temps en temps, faites-en un article. Mais pas people. Un vrai article. Avec une vraie question. Ça nous changera du people.

Si c'est pour regarder comment les people se lavent les dents, ce n'est pas la peine, ils font comme nous. Comment ils tombent amoureux, s'aiment, ne s'aiment plus, et se séparent ? Comme nous aussi. Je n'ai jamais réussi à m'y intéresser parce qu'il n'y a rien d'intéressant là-dedans, si ce n'est se prouver à soi-même qu'on n'a pas une vie plus bête que les autres.

Maintenant, si vous êtes capable de relier votre questionnement à celui d'une personne connue, c'est une autre histoire, et plus intéressante parce que vous allez peut-être toucher du doigt quelque chose que tout le monde voit, mais que personne ne comprend. Tout restera toujours à l'état d'hypothèse parce qu'on n'a pas la science infuse, mais quelques petites lanternes vont peut-être s'allumer.

Saviez-vous que Louis Bertignac, ancien guitariste de Téléphone, est né à Oran le 23 février 1954 ? Il y a peut-être un regard différent à porter sur l'album « Un autre monde » Étienne Daho arrive aussi d'Oran et chante « Paris ailleurs ».

Tout est possible, et si la vérité reste cachée, le plaisir des correspondances enchantées reste un bonheur.

Quelques exemples

Dans l'article « Étienne Daho nait à Oran en janvier 56 et part en septembre 64 », je me pose par exemple la question d'un départ si tardif même si je ne rentre pas dans les détails. Pourquoi septembre 64 et non juin 62 comme le chantera François Valery ? Une question plus intéressante que le lieu de ses prochaines vacances ou de sa dernière amoureuse…

*

Que l'ex-roi du raï Khaled naisse à Oran n'est pas spécialement surprenant. Que l'ex-roi de la pop Etienne Daho y naisse aussi m'enchante.

Qu'est-ce que j'ai pu écouter son album de 1991 Paris ailleurs.

Et les Voyages immobiles.

J'ai toujours ressenti une profonde mélancolie dans les chansons d'Etienne Daho. Une grande fluidité, des arrangements très sophistiqués, mais toujours au service de la Grande Mélancolie.

Même quand les chansons paraissent plus rythmées, elles n'en restent pas moins mélancoliques, une mélancolie subtile aux paroles masquée derrière la voix.

Je ne connais rien de la vie d'Etienne Daho.

Je ne me suis jamais penché sur son cas. Je constate en revanche avec une certaine surprise qu'il est resté à Oran (ou en tout cas en Algérie) jusqu'en septembre 1964.

Septembre 1964, pour qui connaît un peu ses dates, c'est quand même deux ans après l'Indépendance.

Quand je suis allé faire un tour sur le Web pour rechercher quelques informations, je crois que c'est ce qui m'a frappé de prime abord : Septembre 1964.

4 - LA PONCTUATION ET LES SIGNES

Ça a l'air bête comme ça, mais c'est presque le cœur des articles. À force d'écrire, on se pose des questions idiotes du genre « je mets une virgule ou deux ? » Parce que je me rappelle bien avoir lu que les virgules marchaient par deux et pas du tout par une. Quand on n'a pas l'habitude d'écrire, on ne se pose pas vraiment la question, on balance des virgules quand ça nous chante. En revanche, au bout de 100 articles, ça arrive tout seul, et on se demande : une ou deux virgules ?

Idem pour les points, les points-virgules, les citations ou les italiques. Au début, on les met comme on veut, et puis très vite, on sent qu'on fait comme on a toujours fait, et qu'en vérité, on ne se pose pas beaucoup de questions. Et là, ce n'est pas bon du tout. Donc on se met à réfléchir à tout et à n'importe quoi, et notamment aux petits signes de rien du tout. Et on finit par leur trouver une place. Je vous propose ici quelques idées. À prendre ou à laisser.

La virgule

Mettez en valeur des groupes de mots

Les virgules marchent souvent par deux.

Aussi incroyable que cela puisse paraitre, une virgule n'est jamais seule, elle est toujours accompagnée. Sinon, on se trompe, on fait comme si elle était juste un petit caractère présent pour ralentir la lecture et permettre un brin de respiration. C'est aussi ça, mais ce n'est pas que ça. Les virgules marchent par deux et entourent une idée importante.

Bien sûr, il n'y a pas de règle, et on fait ce qu'on veut. Tout le monde fait ce qu'il veut. Ensuite, il y a l'esprit. On peut chanter comme on veut, et selon ses propres règles, ou bien chanter dans une chorale et tenter de se mettre à l'unisson, d'entrer dans un rythme.

La virgule est un élément tellement minuscule qu'on peut douter de sa nécessité. D'ailleurs, de nombreux auteurs ont décidé de se passer de ponctuation. Par snobisme littéraire ou par nécessité intérieure, c'est selon, et ils ne le savent pas toujours eux-mêmes.

En vérité, c'est toujours une histoire de rythme, et il s'agit d'indiquer où reprendre sa respiration, où l'arrêter artificiellement, comment mettre de côté un élément de phrase qui mérite d'être repéré visuellement. Il s'agit aussi de voir le texte. La vue est beaucoup plus importante qu'on ne le pense dans ces histoires. Les vieux textes de l'Antiquité ne possèdent aucune ponctuation, ni même d'espace entre les mots ; les lettres se succèdent et l'œil doit voir, pour séparer. S'il ne voit pas, il ne lit pas. La lecture est secondaire.

La virgule est déjà une déchéance pour l'Antiquité. Pour nous, elle est une délicatesse dont il faut prendre soin.

Quelques exemples

Pas évident de donner des exemples qui signifient réellement quelque chose puisqu'avec ce genre de ponctuation, on est dans le rythme. Mais bon, je n'ai pas l'intention de me défiler. Donc des tas d'exemples. Vous en ferez ce que vous voudrez…

– Il y a un peu de mélange bien sûr, mais la minorité espagnole de Mers el-Kébir va se mettre à l'italien, tandis que la minorité italienne à Oran va se mettre à l'espagnol.

– Dix fois plus nombreux que les autres, ce n'est pas rien, et ce n'est pas facilement explicable non plus.

– Le sentiment que les habitants de la Marine se perçoivent comme à part, dépositaires d'un passé que les pêcheurs eux-mêmes percevaient déjà comme sacré, terme qui sur le plan étymologique signifie « à part ».

– Celle-ci arrive tout droit de l'ancien Arsenal de Kargentah, coincé entre trois bâtiments, et transformé le 8 mai 1958 en Jardin de la Roseraie, près du square.

– En revanche, une certaine tradition est entretenue du côté du Parc Municipal où se déroulent rituellement les floralies *d'Oran, organisées par l'APC, en collaboration avec les directions de wilaya de l'Éducation nationale et de la Jeunesse et des Sports.*

– On est quand même bien loin de la Seconde Guerre mondiale, Hitler n'est pas encore Chancelier, je ne comprends pas vraiment le sens de la mission confiée au Commandant Kiener.

– Il existe un nombre incroyable de galeries, éparpillées dans tous les sens, et quasiment impossibles à énumérer sans perdre le lecteur en cours de route.

– Par certains aspects, il me rappelle la porte du caravansérail, à qui il est aussi arrivé des mésaventures très éloignées de ce qu'elle est censée être par nature.

32

Le point

Coupez où vous voulez

Le point permet de couper une phrase en plein milieu.

On fait ce qu'on veut avec une phrase. Il faut juste que le lecteur ne soit pas perdu. C'est la seule règle. Parce que le lecteur est tenu par le rythme de la phrase et non par la ponctuation. On met des points si on veut couper net. Trancher. Mettre en évidence. Ce n'est pas qu'une histoire de début et de fin.

Ce serait trop simple et surtout triste. J'ai retiré la plupart de mes points de suspension pour les remplacer par des points tout court parce qu'il y a longtemps que j'ai remarqué que les points sont beaucoup plus efficaces pour montrer de la force. J'en ai déjà parlé en évoquant le point d'exclamation et je ne vois pas pourquoi je me retiendrais de le répéter : le point d'exclamation affaiblit la phrase. Je peux maintenant rajouter : alors que le point la renforce.

Le point donne une grande puissance à la phrase, quelle qu'elle soit. C'est quand on décide de supprimer le gras, les points d'exclamation, et les majuscules inutiles qu'on se rend compte à quel point (sic) cette petite marque originelle (tous les géomètres et les physiciens savent qu'il est à la source du monde) contient la force du Big-Bang et le tranchant d'un sabre.

C'est lui qui sépare les mots entre eux pour créer les phrases et les phrases entre elles pour créer les contrastes. Pas davantage que la virgule, le point n'est là pour reprendre son souffle (on dirait qu'on parle d'une activité sportive), bien au contraire, il faut cesser de souffler pour faire silence et tenter de suivre le rythme imprimé à la phrase.

Une activité poétique pure.

Quelques exemples

Encore moins évident de glisser des points à la fin des phrases pour montrer que c'est plus fort qu'avec des points d'exclamation. Mais on peut tenter, donc des tas d'exemples. Vous en ferez ce que vous voudrez…

– C'est drôle comme ce Tambour San José est venu prendre place dans la ville.
C'est drôle comme ce Tambour San José est venu prendre place dans la ville !

– Difficile d'imaginer ce lieu comme une salle de concert.
Difficile d'imaginer ce lieu comme une salle de concert !

– Et qui le fait de manière tellement simple, sobre, et subtile, que j'en ressors toujours en me disant que je dois en parler… sauf que je n'en parle pas.
Et qui le fait de manière tellement simple, sobre, et subtile, que j'en ressors toujours en me disant que je dois en parler… sauf que je n'en parle pas !

– Ce n'est pas pour autant qu'elle redevient une synagogue.
Ce n'est pas pour autant qu'elle redevient une synagogue !

– Souhaitons que le projet de réhabilitation qui semble se dessiner ne soit pas vain.
Souhaitons que le projet de réhabilitation qui semble se dessiner ne soit pas vain !

33

Le point-virgule
Coupez sans couper

Le point-virgule déchire la phrase sans séparer les morceaux.

Il n'est pas évident d'utiliser cette ponctuation à bon escient, on n'est jamais sûr de ce qu'on fait, mais il faut se dégager des hésitations et se jeter à l'eau. C'est quand vous avez envie de mettre une virgule toute seule (au lieu d'en mettre deux) que vous pouvez commencer à vous poser la question du point-virgule. Vous ressentez la nécessité de faire une pause. Si cette pause mérite son nom, mettez un point-virgule, sinon ne mettez rien.

C'est la plus belle des ponctuations et la plus difficile, mais le temps passant, on finit par y prendre goût.

Elle nous tombe dessus un jour et la question de sa présence se manifeste alors : que faire de cette ponctuation hybride ? Le point devient soudain léger, et stationne en apesanteur au-dessus de la virgule immobile, c'est l'entre-deux. Il faut sentir la rupture, et conserver l'élan de sa course malgré tout, parce que la lecture va reprendre.

Il y a des maîtres en la matière et ce n'est pas mon cas. Je citerais au moins Michel Houellebecq connu et reconnu de tous les critiques comme utilisant à merveille cette ponctuation délicate. Je conseille donc d'aller voir les livres du maître plus que ceux de votre serviteur toujours en période de tâtonnement et probablement jusqu'à son dernier souffle.

C'est un questionnement perpétuel et je ne suis pas là pour vous donner des réponses tranchées. Ce serait pure perte. Parce que toutes les philosophies le disent : c'est dans le chemin que se trouve la vérité du point-virgule.

Le point-virgule se manifeste en écrivant.

Quelques exemples

Toujours compliqué de glisser des points-virgules à la fin des phrases pour montrer que cette ponctuation est une délicatesse. Mais on peut toujours tenter, donc des tas d'exemples. Vous en ferez ce que vous voudrez…

– *Apparemment, c'est terminé ; voici donc quelques marqueurs pour tenter de se repérer dans les strates temporelles de la vieille église Saint-Louis qui n'a pas toujours été une église…*

– *Edgard Attias — de qui je vais tirer une partie de cet article — n'en dit pas davantage dans son livre « Récits autour d'Oran » ; si quelque bonne âme en connaît la raison, qu'elle n'hésite surtout pas à se manifester dans les commentaires.*

– *Ce qui fait le mystère des photos de Shining ou du Familia, ce sont les regards ; et plus exactement, la convergence des regards, tous fixés sur le photographe.*

– *On le voit peut-être mieux sur le film que sur la photo ; c'est une rue étroite.*

– *D'habitude, je cherche ; là, je dois élaguer.*

– *Je vais malgré tout fournir quelques informations ; je reviendrai ensuite sur la photo.*

– *Par sa peinture, Amédée Moreno annonce que l'intérieur du livre n'est guère que de la mémoire ; tout y sera à la fois réel et déformé.*

– *Il y a la famille éloignée que je connais un peu et avec laquelle les rapports n'ont pas toujours été sereins ; il y a des gens dont je ne connaissais pas l'existence avant que mon père n'en parle et qui se promènent forcément quelque part.*

– *Sur le plateau de Kargentah, c'était la fierté d'une certaine ascension sociale ; place Kléber, c'était plus probablement les origines du petit Espagnol, pupille de la nation, élevé par sa mère dans un milieu modeste.*

34

Les citations
Isolez les citations de plus de deux phrases

Les citations doivent être mises en évidence sur l'écran.

Il faut séparer, séparer, séparer. Sur un écran, plus on sépare, mieux on se porte. Attention, toutefois, à ne pas accumuler les petits morceaux, on s'y perdra tout autant. Succession de petits paragraphes de quatre ou cinq lignes, pas plus. Au-delà, le texte prend la forme d'un bloc, et le lecteur n'a plus envie de lire. Or, attirer le lecteur dans un texte, c'est ruser avec son manque d'envie, et la ruse commence avec l'isolement des paragraphes. À plus forte raison s'il s'agit de citations.

Le CMS (Content Manager System) Wordpress, comme tous les autres CMS, permet de mettre en évidence ce qu'on a coutume d'appeler des « blocs de citation », c'est-à-dire des blocs qui vont se démarquer du texte aussi bien par la forme que par le fond. On ne s'intéressera ici qu'à la forme et à la nécessité de bien séparer la citation du reste du texte.

En ce qui concerne les citations qui ne font qu'une ou deux phrases, il vaut mieux éviter un bloc de citation parce que le rythme naturel de lecture s'en trouve brisé et ce n'est pas le but d'une citation, au contraire. Celle-ci doit pouvoir parfaitement s'intégrer dans un paragraphe pour en renforcer le sens. Si c'est pour le scinder en trois parties avec un peu d'italique au milieu, alors il vaut mieux laisser tomber, vous faites fausse route. Une phrase ou deux : pas de bloc de citation, mais seulement de l'italique pour conserver le rythme de lecture.

Trois ou quatre phrases et vous passez au format paragraphe : dans ces conditions, il mieux vaut passer au bloc citation pour le mettre en évidence.

Quelques exemples

Une longue citation entre des petits paragraphes bien à moi. Ici, il faut juste regarder la différence de style entre les deux. C'est le plus important. Et c'est aussi pour cela que vous devez trouver votre style. Extrait de l'article : *La délicieuse robe blanche de Mme Angèle Maraval-Berthoin*.

*

On peut lire davantage de détails sur les relations d'Angèle Maraval avec Caïda Halima dans « Oran la Mémoire » :

« *Angèle Maraval-Berthoin entretenait des relations assez suivies avec quelques notabilités musulmanes en vue. Parmi ses connaissances musulmanes, celle qu'on considérait comme représentante de la société féminine oranaise à l'époque : Mme la Bachagha Halima Ould Cadi, dite Caïda Halima.*

Les deux femmes partageaient le même intérêt pour les œuvres caritatives et d'assistance médicale en faveur des plus démunis.

Caïda Halima et sa fille, Setti Ould Cadi, contribuaient financièrement et par des dons en nature aux œuvres caritatives que patronnait Angèle Maraval-Berthoin, telles que la très populaire association La Goutte de Lait et le comité local de la Croix Rouge Française » (toujours sous la plume de Saddek Benkada dans « Oran la mémoire »)

Il est probable que Setti Ould Cadi ne soit plus très coopérative par la suite, puisqu'elle combat aux côtés du FLN et se fait même arrêter en 1957, après le démantèlement de son réseau.

35

Les italiques
Créez le décalage

Les italiques dans la phrase créent un ailleurs à l'intérieur du texte.

Elles ne doivent surtout pas servir à appuyer l'idée des mots qui l'entourent. Si c'est ça, c'est que le texte est mal écrit. Recommencez. Parce que les italiques à l'intérieur d'une phrase sont là pour faire référence à quelque chose qui se trouve ailleurs. Ailleurs dans le texte, dans le titre, dans le paragraphe, dans le contexte, dans le blog ou dans le site. *Ailleurs* est le maître mot de l'italique qui doit créer un lien avec autre chose dans l'esprit du lecteur.

On en a vu l'exemple basique avec le cas précédent de la citation : tout ce qui est mis en italique crée un lien avec un ailleurs, souvent avec l'univers d'un autre auteur auquel on cherche à renvoyer. Il faut toujours garder en tête que l'italique possède ce rôle-là, créer un ailleurs, une brisure dans la temporalité linéaire du texte, et la citation en est l'exemple le plus flagrant.

Maintenant, il faut arriver à conserver le même œil sans citation, sans l'évidence d'un autre monde appartenant à un autre auteur. Il faut décider de mettre un mot en italique, un mot qui vous appartient bien, mais un mot qui va faire le décalage avec le propos que vous teniez, et vous obliger à plonger dans un autre monde (qui reste le vôtre malgré tout, une sorte de monde parallèle, puisque nous sommes tous plus ou moins schizophrènes).

C'est la seconde spécialité d'un écrivain comme Michel Houellebecq, après le point-virgule. Ce n'est même pas mon jugement, mais celui de critiques bien plus compétents.

Donc à méditer...

Quelques exemples

Pour ne pas tomber dans les citations à nouveau, quelques exemples différents : les italiques à l'intérieur des textes. Je vais prendre ici comme exemple un texte qui évoque la figure de Mme Angèle Maraval, figure aristocratique à Oran, avant 1962.

Je relève trois paragraphes qui se suivent et qui contiennent chacun un mot en italique pour appuyer sur la *modernité* de cette femme de la première moitié du XX ° S

- « Il y a pourtant une *modernité* de la femme Angèle Maraval. (Notion presque anachronique ici, donc mise en italique) »

– « Une modernité qui permet de l'extraire d'une place apparemment épousée avec bonheur (celle de la « *dame du monde* », amoureuse des Lettres et du caritatif, et attachée à sa haute lignée maternelle) pour l'envoyer naviguer au-dessus du Sahara, bravant les interdits d'une époque peu encline à ce genre de fantaisies féminines, juste pour le frisson du plaisir. (Expression très marquée et qui signifie beaucoup plus que l'expression littérale, donc en italique.) »

- « Vouloir offrir des sensations extrêmes à son corps, *pour le plaisir*, est une idée moderne (profondément égoïste — au bon sens du terme, prendre soin de soi —) qui s'oppose au bonheur un peu trop idéal et parfois suspect du prendre soin des pauvres » (Il s'agit ici, de nouveau, d'appuyer sur une notion moderne, anachronique même si le plaisir est éternel. Il n'est pas public. C'est la pudeur qui domine à l'époque. D'où le côté moderne de Mme Maraval.)

36

Le gras

Mettez des titres et intertitres

Le gras s'utilise pour séparer les titres du texte.

Le gras n'est pas fait non plus pour combler vos défaillances. Il ne doit pas souligner un mot dans une phrase sous prétexte que ce mot est important. Si c'est le cas, réécrivez plutôt la phrase. Le gras est là pour l'extérieur du texte, titre et intertitre. Il encadre le texte pour bien montrer où il se trouve. Il est une flèche qui indique la direction à prendre.

Je vois encore trop souvent des mots en gras parsemés par dizaines dans certains textes, alors que sur le plan référencement, la manipulation ne sert plus à rien depuis longtemps. Google a d'autres clés pour distinguer les textes qui valent le coup d'être mis en première page des textes surchargés de gras qui ne veulent plus rien dire. C'est désormais la syntaxe qui fait la différence, et bien sûr le contenu, plus roi que jamais.

S'il y a un lieu où il faut garder une différence typologique, c'est bien dans les titres et les intertitres. Et encore faut-il nuancer, puisque Google ne regarde pas le gras, et se concentre davantage sur les styles qui formeront les niveaux H1, H2, H3, etc. Donc si vous tenez absolument à mettre du gras, évitez le **bold**, et utilisez les styles ; non seulement vous ferez ressortir les intertitres pour couper un peu la lecture de l'internaute, mais en plus, vous aiderez Google à y voir plus clair dans l'architecture de votre page.

C'est pour une très grande part le rôle des titres et intertitres : il faut faciliter au maximum le passage des robots des moteurs de recherche de manière à ce qu'ils indexent rapidement votre site.

Donc laissez tomber le gras.

Quelques exemples

Ici, il est difficile de mettre des exemples et de faire en sorte que les choses aient un peu de sens. Jetons tout de même un œil sur un article dont j'ai déjà parlé plus haut parce qu'il a le mérite d'être assez carré : « Quelques petites histoires sur les Américains à Oran. »

J'ai partagé l'article en trois parties très nettement distinctes à la suite de l'introduction, et les intertitres se justifient à un double-titre : trois points de vue différents (trois échelles plutôt) sur un même événement (le débarquement américain sur les côtes algériennes le 8 novembre 1942) et trois titres en style 2 pour l'ami Google.

Rappel des faits : le 8 novembre 1942

Autant recopier les quatre premières lignes des préliminaires du livre d'Edgard Attias, elles ont le mérite d'être claires : « Le dimanche 8 novembre 1942 aux premières heures de l'aube, une force anglo-américaine de 107 000 hommes à bord de 650 navires déferlait sur la côte algéro-marocaine. C'était l'opération « Torch » …

La petite Histoire du Grand Débarquement

La petite Histoire, c'est toujours la Grande Histoire, mais vue par l'œil du pauvre gars pris dans les contradictions de la vie.

La petite Histoire, je la raconte, mais elle est triste. Comme tout ce qui peut se rapporter à la guerre…

Et puis la très petite Histoire

Edgard Attias a mon admiration pour cette qualité si peu partagée : l'amour des petites choses.

Son livre sur les Américains à Oran est à la fois un résumé documenté de la Grande Histoire et une collection éparse de petits témoignages divers et variés…

37

Les liens

Renvoyez vers plus intelligent que vous

Les liens renvoient vers de l'information pertinente.

Pour vous, c'est terrible parce que vous dîtes à votre lecteur : « Va voir là-bas, c'est mieux que chez moi ». Il n'y a guère que si vous touchez une commission que vous pouvez vous frotter les mains. Pour le reste c'est un crève-cœur. Alors faites l'effort de renvoyer vers quelque chose de très bien, histoire que le lecteur conserve de vous l'image d'une personne capable de distinguer le bon grain de l'ivraie.

Et l'on sait combien l'ivraie est monnaie courante sur Internet, donc montrez que vous êtes quelqu'un de bien, et qu'il est possible de compter sur vous. Ne la jouez ni mesquin ni court terme, parce que ce genre d'attitude se retournera toujours contre vous, à moyen ou à long terme. Soit par accumulation de commentaires négatifs sous vos articles, soit par retour de mauvaises expériences ailleurs.

Il n'y a rien de mal à reconnaitre qu'un site plus intéressant que le nôtre se trouve ailleurs, parce qu'il est de toute façon plutôt rare que les sites proposent exactement les mêmes contenus entre eux, donc vous ne perdrez pas votre originalité si vous avez correctement fait les choses. Vous n'avez rien à craindre des autres, bien au contraire, parce qu'il y a bien souvent du retour totalement imprévisible qui se met en place.

Combien de fois ai-je renvoyé des articles sur des sites extérieurs pour me retrouver quelques semaines plus tard avec le retour d'une personne qui a découvert le mien par l'intermédiaire de celui vers qui je renvoyais ? Les liens, c'est l'essence d'Internet, le mystère absolu du hasard, et se priver du plaisir des surprises est une marque d'immaturité.

Donc *Play the Game* !

Quelques exemples

Les liens, c'est un peu comme les sources juste après la photo ou la citation, on les met presque à reculons parce que c'est quasiment une façon de dire « va voir ailleurs, c'est mieux que chez moi… »

Or personne n'a envie de voir partir ses lecteurs. Mais c'est parce qu'on fonctionne à court terme. À moyen terme et à long terme, on a davantage de chance de se construire une certaine crédibilité. Et c'est quelque chose de fondamental.

Je donnerai ici quelques exemples à partir de l'article sur les patios d'Oran : « Les mille et un patios du quartier de la Marine Basse ».

– Il y a très vite un renvoi vers un article de « Algérie 360 » sur les intempéries à Oran.

– Puis une vidéo YouTube sur des intempéries plus anciennes encore pour montrer que ces événements sont récurrents dans la région et pas du tout exceptionnels.

– Puis deux photos d'un quartier d'Oran qui était en pente et qui a très mal résisté aux intempéries. Photo avant et après avec liens.

– Un lien ensuite vers la pièce de théâtre de Gilbert Espinal qui évoque les patios qui se trouvaient dans ce quartier disparu.

– Un lien vers le blog de Tchoumino, qui a publié un dessin du quartier réalisé à la main par un autre habitant, avec plan des rues et localisation des patios.

– Des liens internes tout aussi importants vers d'autres articles (la dame de Landini ou des photos seules, hors article)

– Un lien externe vers le site « Oran la Marine » qui reprend un témoignage écrit dans langage typique du quartier de la Marine.

– Puis pour finir, un lien vers une photo typique de ce quartier, vu d'en haut, depuis les nantis de la ville.

38

Les sources

Rendez à César ce qui lui appartient

Donner ses sources rend crédible.

Je ne les ai pas forcément tout le temps fournies, je m'en mords les doigts aujourd'hui, parce que je passe une bonne partie de mon temps à traquer les endroits où je ne l'ai pas fait. Rien de pire que de ne pas donner ses sources, on se demande d'où ça sort, et quand le doute s'installe chez lecteur, c'est fini. Montrez-lui que vous respectez le savoir et les autres.

Montrez que vous êtes ouvert sur les autres, que vous avez des yeux capables de regarder ailleurs que dans un miroir, et que le monde est intéressant. Mettre des sources à vos documents, c'est aussi cela, reconnaitre le travail de l'autre. Lorsque le lecteur verra que vos documents possèdent des sources, inconsciemment, il comprendra que vous êtes un individu respectueux et il se sentira en sécurité, respecté.

C'est important pour tout lectorat, mais plus encore pour des clients potentiels. Si vous utilisez des photographies sans mettre le nom de l'auteur dessous, vous indiquez subrepticement à un client potentiel qui navigue sur votre site que vous ne respectez pas le travail des autres. À partir de là, ne vous étonnez pas si vous paraissez suspect, on ne peut pas faire confiance à quelqu'un qui ne voit pas plus loin que le bout de son site.

Sans compter bien sûr tous les problèmes juridiques qui peuvent se rajouter si vous ne respectez pas un minimum de règles. Mais ce serait une erreur de ne mettre les sources que pour éviter d'être pris par la justice. Vous allez le faire à moitié, or il s'agit toujours de faire les choses entièrement si on veut bien les faire.

La passion est toujours un gage de qualité.

Quelques exemples

Pas évident de donner des exemples sur les sources (comme sur beaucoup d'autre chose) parce qu'il n'y a pas 36 000 manières de s'y prendre. Il faut juste penser à les mettre. Mais je vais malgré tout m'essayer à la diversité en prenant le cas de l'article « Les Bains Turcs et l'association Santé Sidi el-Houari à Oran. » Je mets en gras ici tout ce qui est de l'ordre du lien.

*– Cheminées des Bains Turcs, Minaret de Sidi el-Houari et « Vieil hôpital » – Noter les bouches d'aération au sol (**photo Akim el Sikameya**)* (À noter que la partie « photo Akim el Sikameya » renvoie vers Flickr. Il ne s'agit pas seulement de donner la source, mais davantage encore d'y renvoyer dans la mesure du possible, même si, évidemment, ce n'est pas drôle puisqu'on sait qu'on prend le risque de perdre le lecteur.)

*– Alors, comment délimiter ces lieux justement ? Comme le fait très bien Guy Montaner sur le site **Oran des années 50** quand il cherche à délimiter une zone appelée parfois « Le Campement ».* Dans ce cas, la source est incluse à l'intérieur du texte et renvoie vers le site correspondant. Je l'ai très souvent utilisé même si le risque de voir partir son lecteur est non négligeable parce que j'ai fini par considérer qu'un lecteur saurait reconnaitre que je l'avais envoyé sur un bon site et que d'une manière ou d'une autre il s'en souviendra. Je suis optimiste de nature…

*– Les Bains Turcs restaurés par SDH (crédit photo **SDH sur Facebook**).* Pas toujours évident de pointer du doigt des photos sur Facebook, donc il m'est arrivé plus d'une fois de renvoyer sur Facebook après avoir vainement essayé de contacter les personnes. Toujours donner une source qui permet au moins de montrer sa bonne volonté.

39

Les listes à puces
Utilisez avec parcimonie

La liste à puces indique davantage une progression qu'une énumération.

Tarte à la crème de tous les conseils en écriture, la liste à puces serait censée être bonne pour l'esprit, il y verrait de l'ordre. Mais qu'y a-t-il de plus ennuyeux qu'une énumération ? Comptez jusqu'à 100, vous verrez. Prenez en compte le temps dans une liste à puces par exemple, et intégrez une progression ; tout de suite, l'esprit sera satisfait parce qu'il y a une idée. Cherche-t-on autre chose qu'une idée ?

Bien sûr, il y a « 5 raisons pour ceci » et « 6 conseils pour cela », mais ce sont des intertitres et non des listes à puces. Des intertitres qui engagent dans plusieurs paragraphes et non dans un intertitre suivant. J'ai vu des articles dans lesquels on envoyait 35 puces (ou 35 intertitres utilisés comme des listes à puces) pour donner le sentiment qu'il y avait pléthore de contenu à disposition.

Il faut faire attention avec la sensation d'abondance. Parce qu'elle peut très vite mener à la sensation de satiété : vous n'avez plus faim. Les puces se succèdent et l'énumération n'a plus de sens. La grande difficulté est justement d'arriver à glisser du sens dans une liste à puces. Comment faire en sorte que la succession des éléments trouve une logique permettant de dégager une idée générale ?

L'énumération ne dégage strictement aucune idée. C'est une juxtaposition de conseils qui valent ce qu'ils valent, de recettes, d'astuces, d'attributs. Le lecteur a l'impression d'avoir du contenu, mais on lui a seulement juxtaposé des pistes dans le désordre.

On ne lui a pas ouvert les yeux.

Quelques exemples

J'ai très peu utilisé les listes à puces, en revanche, je me souviens bien d'un cas pour lequel la juxtaposition se justifiait, l'article « Le Sheraton d'Oran : hôtel du XXIe siècle ». Ce texte (et la liste à puce qui s'y trouvait) reprenait l'orientation et le développement historique ouest-est de la ville d'Oran.

Si on regarde Oran de l'ouest vers l'est (sens naturel du développement de la ville) on voit bien qu'on avance du plus désastreux au plus opulent. Oran a commencé dans le ravin, puis s'est déplacée sur le plateau de Kargentah, puis s'est encore étendue vers l'est. Vers l'ouest, ce n'est pas possible, il y a le Murdjajo.

Actuellement, la limite est plus ou moins marquée par l'hôtel Sheraton d'Oran à l'est.

Il est intéressant de pouvoir suivre l'évolution d'une ville selon son gradient ouest-est. Quand on se placera tout en haut de Santa Cruz en 2112 par exemple, on pourra dire :

- *Tu vois tout en bas, dans le ravin, sur le flanc du Murdjajo, c'est le XVIIe siècle des Espagnols autour de la Casbah.*
- *Tu vois un peu plus haut, sur le plateau de Kargentah, c'est le XXe siècle des Français et des Algériens autour de la Place d'Armes.*
- *Tu vois là-bas, un peu plus loin, c'est le XXIe siècle des promoteurs autour de l'hôtel Sheraton d'Oran.*

Le Sheraton est emblématique de son époque de la même manière que le théâtre rococo peut l'être de la sienne. Il ne me gêne pas où il se trouve. Ce serait plus gênant qu'il vienne s'installer sur Sidi El Houari.

Chaque chose a une place.

40

La mise en valeur

Changez de format

Mettez en valeur ce qui ne s'intègre pas dans votre texte.

Vous avez quelque chose d'important qui ne peut pas s'intégrer dans votre texte, mais qu'il faut à tout prix intégrer ? Changez de format. Le gras est un signe de faiblesse et l'italique est là pour autre chose. Donc, prenez l'ensemble du morceau qui vous intéresse, sélectionnez-le, et changez de format. Mais conservez une taille voisine du caractère habituel. Seule la police doit changer, pas la taille.

C'est le meilleur moyen de faire ressortir quelque chose qui vous tient à cœur. Il existe parfois des situations pour lesquelles il n'est pas possible de fondre une partie de ce que vous voulez publier dans le texte que vous écrivez, et pourtant, il s'agit de quelque chose que vous estimez important, tout à fait dans le contexte, mais impossible à fondre dans le paysage.

Je présenterai deux exemples sur la page d'en face, dont l'un d'eux est une quatrième de couverture et l'autre quelques conseils du « parler oranais » local qu'il est difficile de faire glisser dans un article normal. Dans les deux cas, il faut faire ressortir le texte, surtout s'il sert de base à l'article ou s'il en est un pilier de base.

En revanche, il faut vraiment éviter les couleurs, les majuscules, ou le gras appliqué à tout un paragraphe, ce qui n'aurait aucun sens. C'est l'ensemble qu'il faut arriver à démarquer du texte de base pour le mettre en valeur et lui donner la place qu'il mérite : la première.

Dans ce cas-là, le texte ne déroule pas vraiment du début à la fin, il tourne en quelque sorte autour de cette partie mise en valeur. C'est un point focal.

Comme le centre d'une spirale.

Quelques exemples

Le cas exemplaire est donc celui d'un article que j'ai intitulé avec plus ou moins de bonheur « La langue maternelle d'Oran ». J'ai aussi utilisé le « bloc de citations » de Wordpress dans un article du site « Psychogénéalogie de Memoblog » intitulé : « Psychogénéalogie des lieux de vie : aménager, habiter, réélaborer. (1) »

– J'ai déjà quelques mots sur mon petit carnet électronique. Le fichier s'appelle « oranais » et j'y ai mis les termes suivants avec les traductions approximatives. J'espère que je n'ai pas mis n'importe quoi. Il faudra absolument me corriger si j'ai fait des erreurs !

-- -- (début bloc de citation) -- --

Sahbi = *mon ami*
bsahtek khouya = *à ta santé*
saha ya khoya = *merci mon frère*
sahit = *de rien*
Labes khouya ? = *tu vas bien ?*
saha khouya = *ok, mon frere*
leila saida = *bonne nuit*
thala fi rouhek = *Prends soin de toi*
smaht fiya ga3 = *tu m'as complètement oublié*

-- -- (fin bloc de citation) -- --

Mais là, c'est vraiment pour le débutant absolu que je suis ! C'est complètement ridicule à côté de ce que vient de publier Sahbi Tewfik sur Facebook. Je suis content, il commence un dictionnaire oranais.

5 — ERGONOMIE DE LA PAGE

Là, j'avais une idée assez précise depuis le début : je voulais quelque chose de très clair, très simple. Visuellement, je ne crois pas à la surcharge, surtout à l'heure d'Internet, qui est une surcharge à lui tout seul. C'est le risque. Il faut parer l'attaque du monstre en construisant un bel objet, simple, lumineux, doux.

C'est affaire de goût, encore une fois, donc tout le monde ne sera pas d'accord avec les quelques conseils suivants, et pourtant, il faudrait ne jamais oublier que la simplicité est l'une des qualités les moins partagées au monde, parce qu'il est beaucoup plus facile d'être compliqué que d'être simple. Quel que soit le domaine. Donc quelques conseils, parfois étranges, pour essayer d'être beau. Si possible.

41

Une forme brève

Écrivez peu, mais bien

Écrivez de quoi retenir les gens une minute ou deux.

Le temps est précieux, ne retenez pas les gens trop longtemps. Ils vous en sauront gré et reviendront. Quand c'est très long, ne pas hésiter à faire comme à l'école, 1) 2) 3), ça aide à se repérer et ça rappelle des souvenirs.

De toute façon, ce qui compte absolument quand on tient un blog, c'est que le lecteur puisse se repérer. Il y a énormément de sites qui pensent que plus il y en a, mieux c'est, la quantité prouve la qualité. C'est une erreur millénaire que l'être humain reproduira jusqu'à la fin des temps : l'érudition n'est pas la sagesse ; la quantité n'est pas la qualité.

Ce qui est essentiel sur Internet, c'est d'y voir clair. Parce que le vrai problème de notre époque n'est pas de trouver l'information, mais de la trier, elle surabonde ; on en est littéralement submergé. Donc si vous en rajoutez des tonnes, vous ne faites qu'engluer votre internaute dans une mélasse plus grande encore que celle d'où il arrive, et vous ne lui rendez pas service. Essayez de vous limiter au strict essentiel.

Si vous jetez un œil sur Memoblog-Oran, vous allez vous rendre compte que le blog est extrêmement simple, et pourtant, il a eu son petit succès, et plus d'une personne m'a félicité pour le design alors que je ne demandais strictement rien. Mais les gens ont dû se sentir en repos le jour où ils sont arrivés sur mes pages.

Je le sens. Et je comprends bien pourquoi : partout où je vais sur Internet, je ne vois que surcharge. Donc si vous voulez vous démarquer, faites simple.

Et si vous ne pouvez pas, alors fabriquez des titres, comme à l'école : I, II, III

Quelques exemples

Il y a peu d'articles dans lesquels j'ai ressenti ce besoin parce que j'ai toujours tenté d'éviter les textes qui se structuraient de manière aussi nette. J'aime les contours flous et les mouvements qui suivent des idées à l'intérieur même du texte.

Mais il y a un texte où je me suis presque retrouvé obligé de le faire (et ce n'est pas forcément celui que je préfère) c'est celui qui évoque les liens d'affinité de ma mère pour l'écrivain Céline : « Ma mère aimait Louis-Ferdinand Céline ». Là, j'ai vraiment coupé le texte en plusieurs parties.

Mais je n'ai pas réussi à faire des titres normaux. Déjà, je sentais que ce n'était pas ma forme de prédilection.

*

I) – De l'influence de Louis-Ferdinand Céline sur mes petits écrits

1 — Il considère La Fontaine comme le plus grand écrivain français.

2 — Je retiens aussi une vérité paradoxale apprise dans Voyage au bout de la nuit.

3 — Et puis il y a le rapport entre la langue orale et la langue écrite.

II) – Pourquoi ma mère avait-elle aimé Louis-Ferdinand Céline ?

1 — Elle était professeur de français en collège.

2 — Elle passait son temps à lire des Stephen King et regarder des films d'horreur.

3 — Elle aimait Louis-Ferdinand Céline, l'écrivain le plus trouble de la littérature française, le plus trouble à l'égard même de la France.

42

Des images délicates
Ne décorez pas

Les images sont là pour questionner le texte, non pour l'illustrer.

Dans la mesure du possible, ne pas illustrer un texte, mais le contraster. Une image doit s'écarter du texte. C'est ainsi qu'elle le mettra en valeur. Ne pas jouer au perroquet.

Bien sûr, on est toujours tenté d'illustrer, mais c'est une erreur d'enfant. Ce n'est pas l'identique qui est important, c'est le différent. Donc il ne faut pas illustrer en créant du même, au contraire, il s'agit de juxtaposer du différent pour créer du contraste, puisque c'est du frottement de deux éléments que nait l'idée.

Plus les articles se sont rallongés, plus j'ai commencé à alterner les images et le texte afin que l'aspect visuel de l'article soit aéré. Mais j'ai parfois le sentiment d'avoir vendu mon âme au diable et d'être tombé dans la facilité. Parce qu'au début du blog, je suivais mieux les contrastes, et j'étais beaucoup moins dans l'illustration enfantine. Et je savais que j'avais raison.

Avec le temps, mes articles sont peu à peu devenus de plus en plus classiques, fouillés, normaux, et j'ai vaguement dérivé vers de l'illustratif là où j'aurais dû continuer à provoquer du contraste pour faire jaillir quelques étincelles dans l'esprit de mon internaute. Ça ne veut pas dire devenir incompréhensible ou mystérieux, ça veut juste dire, faire des décalages entre l'image et le texte, afin que l'image apparaisse alors que le texte n'a pas encore abordé l'idée, et inversement, que l'image apparaisse alors que l'idée a été abordée beaucoup plus haut et vient alors se confronter au texte.

Je vous conseille le décalage en somme…

Quelques exemples

C'est dans un long article de synthèse que je me suis très nettement posé la question du décalage (cliquer dans le cadre bleu « famille » de la page d'accueil pour y accéder). J'y évoque ma famille et mes origines et je ponctue l'article de photographies familiales que je ne veux pas mettre en face des endroits du texte où elles sont évoquées.

Je ressens la nécessité de souvent décaler (pas toujours toutefois) le texte et les photographies afin que le lecteur puisse faire des va-et-vient entre ce qu'il lit et ce qu'il a déjà lu. Que le texte commence à résonner d'un endroit à un autre, qu'il ne soit pas seulement un long déroulé d'idées, mais plutôt une manière de circuler dans tous les sens, de faire des retours et des liens. Chaque photographie est une porte d'entrée vers des retours même si certaines sont tout de même vouées à l'illustration...

– La seconde photo « Les parents de ma mère le jour de leur mariage en 1941 » est en décalage avec le texte, plus loin, qui les évoque. Mais il est important de les mettre au début pour déjà glisser dans l'esprit du lecteur l'importance qu'ils auront dans l'histoire.

– Les deux photos qui évoquent Meriem Souleyre par exemple sont aussi typiques (« Meriem Souleyre à Nanterre dans les années 60 – Assimilation » et « Meriem à Tlemcen, en 1885, dans sa première année) puisque le cas sera aussi évoqué plus loin, mais que je voulais que le lecteur soit déjà frappé par un contraste qu'il ne comprend pas. Situation dans laquelle j'étais aussi en quelque sorte.

– La photo de ma mère avec sa sœur « Ma mère avec sa sœur aînée Andrée » est encore plus typique puisque cette histoire dramatique ne sera presque pas évoquée, si ce n'est à la toute fin du texte, très rapidement. On donne ainsi le sentiment de quelque chose qui n'aura pas d'explications. Une forme de tabou, en somme...

Le plan du site
Offrez des repères

Le lecteur doit très vite savoir s'il obtiendra ce qu'il cherche.

Arriver sur un site et ne rien y comprendre est la meilleure manière de repartir. Il faut se débrouiller pour être clair. C'est une façon de donner au lecteur de quoi assouvir sa curiosité le plus vite possible. Plus personne n'a le temps de chercher à comprendre. Il vaut mieux le comprendre…

De la même manière qu'il vaut mieux écrire des phrases claires et brèves, il est largement préférable de donner le maximum de repères à vos lecteurs. Et quand je dis le maximum de repères, cela signifie la plus grande clarté possible dans les colonnes de droite, de gauche et du milieu. Interdit de surcharger votre site d'informations toutes plus passionnantes les unes que les autres parce que vous allez perdre l'attention de votre lecteur.

L'internaute n'arrive pas sur votre site par l'opération du Saint-Esprit (sauf miracle) il est là parce qu'il cherche quelque chose. Soit une opinion sur un fait d'actualité ou autre, soit des informations plus froides comme les différents types de roches, ou le meilleur moyen de réparer seul sa voiture.

Si vous n'êtes pas capable de mettre un maximum d'ordre sur votre site, il repartira, parce qu'il n'a pas que ça à faire. On l'a tous expérimenté : lorsqu'on cherche quelque chose, on aime bien tomber sur des sites sobres, parce qu'il est plus aisé de chercher quelque chose dans une chambre en ordre que dans une chambre en désordre.

Donc vous devez absolument mettre de l'ordre dans votre site, et élaguer au maximum ce qui n'est pas indispensable. Demandez un regard extérieur puis sortez le sécateur.

Il est temps de faire des coupes.

Quelques exemples

J'aurais passé beaucoup de temps à modifier Memoblog-Oran pour tenter de le rendre clair.

On croit bien souvent que notre site est clair, mais c'est parce que nous le connaissons par cœur, et que nous l'avons parcouru trois mille fois dans tous les sens. Or il arrive bien souvent qu'à la suite d'un échange avec un lecteur, on prenne conscience que ce pauvre malheureux est complètement perdu dans notre bébé virtuel.

Donc, faire très attention à réduire au maximum tout ce qui peut être de l'ordre du décoratif. Il faut toujours se rappeler qu'Internet est un grand foutoir, et que ce que recherchent les internautes (et les soulage !), c'est l'ordre.

J'ai fini par mettre de l'ordre de 3 manières différentes :

1 — Un onglet « articles » à partir duquel il est possible d'accéder à tous les articles du blog, classés par catégorie. Donc bien réfléchir aux catégories de départ dans lesquels vous décidez de mettre vos articles au fur et à mesure de leur écriture. J'ai parfois changé les catégories, on se retrouve à devoir changer une partie des articles...

2 — Huit pages conçues comme des catégories, mais différentes de celles prises en compte comme tel dans Wordpress, et dont les liens sont nettement visibles dans la majorité des articles. Ce sont huit cases de couleurs différentes placées côte à côte et qui se réfèrent donc à huit synthèses de 4 000 mots à peu près, avec renvoi, dans chacune de ces pages, vers des articles. Ce sont donc des sortes de « homes ».

3 — Une page d'accueil dans laquelle j'explique quel est le contexte du blog, quel était son but lorsque j'ai commencé, où j'en suis arrivé, et comment il est organisé. On y retrouve notamment les huit cases bien mises en évidence.

– 44 –
De l'affection
Suscitez des marques d'intérêt

Placer des j'aime Facebook et des publicités sans déranger.

Être vu sans être vu. Mettre des j'aime sans qu'ils se voient, mettre des publicités sans déranger. Gros dilemme. Qu'il va falloir résoudre, dans la mesure du possible, en essayant de fondre les styles. Si le site est délicat, choisissez des publicités délicates. Si le site est épuré, choisissez des publicités épurées.

Certains webmestres ne se prennent pas la tête et installent des publicités à peu près partout sur leur site. Pourquoi pas, si le site n'a pas vocation à être autre chose qu'une plateforme de renseignements bruts de décoffrage comme les horaires d'ouverture de tous les supermarchés de la Gironde, par exemple. L'information que l'internaute vient chercher est tellement pragmatique qu'il n'a pas besoin de grand-chose d'autre que ce pour quoi il est venu : les horaires. Donc en effet il est possible de faire clignoter des publicités dans tous les sens autour d'une information pure.

Mais vous n'établirez jamais aucun contact avec votre lecteur. C'est purement publicitaire.

Si vous tenez un blog ou un site un peu plus personnel sur un sujet particulier comme le jardinage ou les papillons d'Amérique du Sud, l'affaire sera différente ; il va falloir demander à votre internaute de faire quelques actions basiques (commenter l'article, cliquez sur des emplacements particuliers comme les « j'aime », ou plus simplement rester sur le site et lire d'autres articles) donc éviter de le faire fuir.

Vous allez devoir le mettre en confiance en construisant un site simple, clair, et non agressif.

En résumé : tout doux.

Quelques exemples

Je crois que lorsqu'on tient un blog, ce que l'on recherche par-dessus tout, c'est le contact avec un lectorat. Et c'est aussi le plus difficile à obtenir. On peut passer des mois dans le désert. Et c'est presque ce qui m'est arrivé d'avril à septembre 2012. Mais j'ai tenu bon. Et surtout j'ai cherché à susciter l'affection (sans jamais vendre mon âme au diable ce qui ne serait pas drôle) pour tenter de sortir la tête de l'eau.

– *En 2012, le premier réflexe était de pousser tout le monde à commenter les articles afin que la fin du texte ne soit pas la fin de l'interaction avec le lecteur, mais que l'échange se poursuive sous le point final, dans la* zone dédiée aux commentaires.

– *C'est arrivé, et heureusement, mais je n'ai pas mis longtemps à comprendre que tous les commentaires se passaient sur Facebook. Donc la zone de commentaire classique doit être augmentée d'un* module intégré *et dédié aux commentaires Facebook.*

– *Mais comme tout le monde restait malgré tout sur Facebook, j'ai cherché par toutes les manières possibles à* établir un pont entre le blog et Facebook...

– *Établir le maximum de liens entre les deux devint alors ma priorité et j'ai commencé à mettre des barres qui permettaient de partager les articles sur à peu près tous les réseaux sociaux. J'ai beaucoup testé, mais avec un succès mitigé.*

– *Alors j'ai décidé de franchement mettre les mains dans le cambouis pour comprendre comment placer* un bouton « J'aime » exactement sous le point final de l'article, *et là, les choses ont commencé à évoluer. J'en suis resté à cette* vraie bonne solution.

– *J'ai aussi ajouté quelques semaines plus tard, dans ma colonne de droite, un* encart qui indiquait les articles les plus partagés sur FB, *très utile aussi, puisque j'ai vu les chiffres et les partages monter assez rapidement.*

Une biographie
Présentez-vous

Internet est le royaume de l'anonymat.

Une biographie de l'auteur s'affiche sur un site et rassure l'internaute. Pensez à faire une page *à propos* visible pour vous présenter. Sur Internet, il est important de savoir à qui l'on a affaire. Racontez votre histoire et n'en rajoutez pas. Ne faites pas croire autre chose que ce que vous êtes, on voit tout de suite d'où vous arrivez, même si vous ne le voyez pas.

Il y a des gens qui ont l'œil et la culture pour savoir mieux que vous qui vous êtes. Donc, tablez sur la sincérité. Si vous débarquez un jour chez des aristocrates, pas la peine de faire de grandes manières, ils s'apercevront très vite que vous arrivez du bas de l'échelle, et ce n'est pas pour ça que vous êtes à leur table, mais d'abord parce que vous les intéressez.

Donc montrez ce que vous savez faire, quel a été votre parcours, pourquoi vous vous passionnez pour votre sujet, ce qui vous a poussé à monter un blog, et n'hésitez pas à entrer dans les détails, ils vous ancreront dans le réel. Si vous regorgez d'anecdotes, choisissez-en une ou deux, et glissez-les dans votre texte. Il s'agit d'être crédible autour d'une histoire. Ce qu'on appelle du storytelling. C'est important pour que vos lecteurs puissent se projeter dans votre site.

Ne partez pas dans des détails qui n'ont rien à voir avec votre blog, ne tombez pas dans une grotesque intimité, racontez simplement ce qu'était votre vie avant l'arrivée subite de votre passion, comment vous êtes un jour tombé dedans, et comment vous avez l'intention de bien vous amuser sur votre blog.

Plus vous aiderez le lecteur à se projeter dans votre site, plus il aura envie de vous suivre.

Quelques exemples

Je suis longtemps resté avec une page « à propos » assez longue dans laquelle je racontais vraiment comment les choses avaient commencé sur Memoblog-Oran, c'est-à-dire depuis la réception d'une petite carte postale.

Je sais que cette page a souvent été lue et qu'elle a très vite permis aux lecteurs de savoir sur qui ils étaient tombés et dans quel contexte ils devaient lire ce blog. Il faut savoir que la page « à propos » est une des pages les plus visitées. On veut vraiment savoir comment raccrocher l'auteur au réel.

Voici donc les premières lignes de ce que j'avais posté sur Memoblog avant de passer à quelque chose de différent pour des raisons professionnelles.

En mai 2010, mon père retournait à Oran pour la seconde fois depuis 1962. Je recevais alors une carte du Boulevard de la Soummam (ex. Gallieni) avec au verso ces quelques mots : « C'est le Oran des années 50. Le siège de mon club de foot était au Royal Hôtel. Au fond le lycée Lamoricière et derrière, la mer. »

C'était précisément le lundi 17 mai 2010. À 22h10, je décidai d'envoyer le mail suivant : « Je viens de recevoir ta carte d'Oran. Elle est magnifique. J'aimerais que tu m'en dises plus sur ce que tu as ressenti en retournant là-bas. Tu n'es pas obligé bien sûr, mais je crois que j'ai besoin d'entendre ces choses-là maintenant. » Fin août 2010, j'enregistrai les premières heures d'un entretien qui ne cesserait plus. J'en ai fait un livre que je garde pour moi.

→ D'une partie récit que mon père avait lui-même déjà écrit en 2006 et que j'ai retravaillée. Elle montre à quel point le besoin de transmettre est fort chez ceux qui ont connu les affres de l'Algérie française, qu'ils soient Français ou Algériens.

→ De quelques photos légendées.

→ De deux entretiens réalisés en août et octobre 2010.

46

La simplicité

Faites simple

Rendre son site simple, c'est le rendre compréhensible.

Sur Internet, il y a de tout. Et c'est bien le problème. On ne s'y retrouve pas. Pour mettre en valeur les parties écrites, il faut que le reste ne clignote pas dans tous les sens. Le regard doit être fixé sur un point précis, celui que vous voulez montrer. Et ce qu'on veut montrer, c'est le contenu.

Il faut bien comprendre ce qu'est le problème depuis 15 ans et l'apparition d'Internet. Nous ne sommes plus du tout dans la même logique : avant 2001, il fallait partir à la pêche aux informations. Donc plus vous en donniez à celui qui vous en demandait, plus il vous bénissait. Ce n'est plus du tout le cas aujourd'hui.

On a changé d'époque et de paradigme : l'information se trouve en excès. Celui qui en rajoute des tonnes n'est plus le bienvenu si avant d'en rajouter des tonnes il n'en retire pas quelques-unes. On trouve de l'information partout, en quantité astronomique, donc le but du jeu aujourd'hui n'est plus de faire le malin avec sa brouette d'archives, mais de trier d'abord ces archives de manière à séparer le bon grain de l'ivraie.

Les sites surchargés de textes, d'images, de vidéos, ne peuvent plus vraiment jouer leur rôle informatif (sauf par hasard, si on tombe sur la bonne vidéo d'emblée) s'ils n'ont pas d'abord fait un peu de ménage dans leur manière de présenter l'information. Il s'agit désormais d'être le plus simple possible et de répartir les éléments de la page selon quelques règles qu'il serait trop long de présenter ici, mais que l'on trouve un peu partout.

Un seul mot d'ordre : soyez simple.

Quelques exemples

Être simple est le défi le plus difficile au monde. On commence toujours par être compliqué, puis avec le temps, on élague et on simplifie pour tenter d'arriver à quelque chose de clair et présentable. Il est rare qu'on commence quelque chose sans être d'emblée compliqué. Travailler, c'est simplifier.

J'ai rapidement eu la conviction que tout devait être très clair, donc je suis parti sur quelques bases qui n'ont pas tant varié que ça :

1 — Proposer un titre de blog clair et compréhensible. En l'occurrence ici : Memoblog-Oran.

2 — Proposer un nom et un slogan lié au nom. Dans mon cas : « Paul Souleyre — Vous savez écrire ».

3 — Réduire le menu à sa plus simple expression. Très longtemps, il n'a eu que trois onglets : Accueil, À propos, Contact.

4 — Un quatrième onglet est venu se rajouter quelques mois plus tard, visant à simplifier le désordre naissant de l'accumulation mécanique des articles. Un onglet que j'ai sobrement intitulé : « Articles ». Il permet de tomber sur une page qui recense automatiquement tous les articles du blog.

5 — Si vous allez sur le blog, actuellement, vous pouvez voir un slider. Je ne l'ai rajouté que sur la fin. Il n'y en avait pas. Les articles commençaient tout de suite.

6 — Si ça ne représentait pas la suppression d'un travail énorme que je n'ai pas envie de réduire à néant (mais qui n'a pas été utile), je supprimerais aujourd'hui tout ce qui se trouve à la fin des articles pour enchaîner directement sur l'espace des commentaires.

7 — Réduire les boutons de réseaux sociaux au seul réseau social qui a vraiment de l'importance pour vous. En l'occurrence pour moi, Facebook. Tout est passé par là. Donc un bouton « j'aime » tout de suite après le point final + les articles les plus partagés dans la colonne de droite.

47

De la lumière
Dégagez de la confiance

Un site n'est pas un trou noir, mais une étoile.

Ce n'est pas vous qui devez regarder le site, mais lui qui doit vous regarder. La lumière doit aller de lui à vous et non l'inverse. Donc, rendez-le lumineux, afin qu'il éclate à la figure de celui qui regarde, sans clignotants publicitaires ou autres. Les clignotants éblouissent. La lumière éclaire.

Ça a l'air très philosophique parce que je m'amuse, mais s'il faut le dire clairement, le site doit être clair et non sombre.

S'il est sombre, c'est vous qui fouillez partout parce que vous n'y voyez rien, vous n'y comprenez rien, c'est le désordre. Vous êtes plongé dans le site à la recherche de votre information. Vous êtes aspiré par le fouillis.

S'il est clair, vous n'êtes pas plongé dedans, vous passez d'une page à l'autre et vous naviguez en toute conscience, parce que vous savez parfaitement où vous êtes, et que vous pouvez faire des choix.

C'est en partie de cette manière que vous faites passer votre image. Lorsque le lecteur arrive sur votre site, il se sent à l'aise, détendu, reposé. Il n'est pas dans un lieu désordonné à la recherche désespérée d'une information qu'il pressent ne jamais pouvoir trouver, il se trouve sur votre site clair et il prend confiance.

C'est une relation très importante à établir et je vous conseille fortement de faire le ménage dans votre site pour supprimer tout ce qui n'est pas de l'ordre de l'essentiel absolu. Si vous allez sur Memoblog-Oran, vous allez voir que le contenu est roi, et que le reste ne prend pas une place démesurée.

C'est de cette manière qu'on donne confiance.

Quelques exemples

Quel que soit le site qui doit me représenter, j'ai toujours cherché à ne pas en mettre des tonnes, et ça a commencé avec Memoblog. Mais vous pouvez aller sur transmission.memoblog.fr par exemple, vous y trouverez un dépouillement général encore plus grand.

L'idée profonde de votre site est reine, et c'est elle qui doit tout diriger.

Sur mon blog, j'ai essayé de séparer les différents blocs :
1 — Le titre et mon nom
2 — Un menu épuré (en haut à droite)
3 — Une colonne de droite avec quelques renseignements
4 — Une partie centrale avec les articles

→ L'une des premières remarques qu'on m'ait faites a été dirigée du côté des couleurs : « finalement, le noir sur blanc, c'est très bien. » Plus le temps passe et plus je pense en effet que l'idée folle (et passée de mode) d'écrire en noir sur fond blanc n'est pas si mauvaise...

→ Mais la meilleure idée que j'ai pu avoir est de chercher dans tous les sens à quoi correspondait cette apparence Wordpress (ce « template » comme on dit) que je voyais passer de temps à autre sur certains sites : Japibas. Un template vert et blanc, très simple et lumineux, que j'ai utilisé pour Memoblog-Oran.

Je vous conseille donc de partir en quête de votre apparence sur la toile, et de relever les templates dans lesquels vous vous reconnaissez, mais aussi dans lesquels vous reconnaissez de la lumière. Beaucoup de sites vous aident dans cette démarche.

Un petit bonus rien que pour vous. J'ai trouvé, il y a un certain temps déjà, un site assez simple qui vous indique quel est le nom du template d'un site Wordpress que vous visitez. Ça peut aider...

What WordPress Theme Is That ? = whatwpthemeisthat.com

48

Des services dans la Sidebar
Offrez du complément

La colonne de droite enrichit le propos général.

La Sidebar (autre nom de la colonne latérale dans un blog) est souvent utilisée pour tout un tas de choses qui n'ont strictement aucun intérêt. Il faut savoir se limiter. Et toujours penser au cœur du blog constitué par l'article. La Sidebar enrichit le thème du blog, son apparence, mais le marketing ne doit pas être sa raison d'être. C'est une périphérie qui doit d'abord et avant tout pointer son doigt vers les articles.

Mais je reconnais que c'est le plus dur.

Parce qu'on y croit, à la Sidebar, nous les blogueurs. On adore cet endroit sur le côté où on peut mettre tous nos petits joujoux : les meilleurs commentaires, les articles les plus lus, les plus partagés, les plus incroyables, etc. On a le strabisme divergent. Contrairement au lecteur, dont le regard converge sur le contenu de l'article. C'est presque par hasard s'il tourne la tête vers les côtés, à un moment ou un autre de sa lecture.

C'est donc ce hasard-là qu'il faut favoriser et ce n'est pas le plus simple. Mais le secret ne se trouve pas sur le côté, il se trouve dans l'article lui-même, puisque c'est par là que le lecteur commence son trajet. Si vous arrivez à passionner l'internaute, à la fin de l'article, il va se demander comment obtenir une seconde rasade de ce contenu si exceptionnel. Et très logiquement, il va se tourner vers la sidebar pour voir qui est la personne qui a écrit ce texte et d'où elle sort.

Je ne sais pas si je regarde le nom de l'auteur avant de lire l'article. Je ne pense pas. Je lis l'article, et lorsque je perçois qu'il y a une plume ou du contenu de qualité, alors je recherche le nom de l'auteur.

Et je me tourne vers la sidebar.

Quelques exemples

Je ne suis pas sûr que Memoblog soit un exemple parfait pour ce qui concerne la Sidebar, mais après l'avoir beaucoup fait évoluer, en avoir rajouté des tonnes et de toutes les couleurs, j'ai fini par me rendre compte que rien ne valait la simplicité, encore une fois.

De mon point de vue, la sidebar va servir à renforcer la crédibilité de l'auteur, et je crois que c'est à peu près tout. Bien sûr, je me suis laissé aller à mettre un slideshow par exemple, mais je pourrais tout aussi bien l'enlever et je le ferai d'ailleurs peut-être un jour.

– Ce qui me parait essentiel : un cadre pour vous présenter ou renvoyer à une présentation. Même s'il y a déjà un onglet pour ça.

– Puis quelques éléments de crédibilité, c'est-à-dire tout ce que vous faites dans le présent et tout ce que vous avez déjà fait par le passé. Pas forcément tout, mais des éléments intéressants.

– Tout ce que vous faites (vos livres, vos vidéos, vos infographies, tout ce qui peut montrer à votre lecteur que vous lui êtes utile).

– Tout ce qui peut aussi montrer que votre blog est lu, les derniers commentaires par exemple, ou les meilleurs commentateurs, le dernier gagnant au concours que vous avez organisé, même si je ne suis pas fan de ce genre de choses, bien que je ne sois pas contre, évidemment. Ce n'est juste pas ma tasse de thé.

– Tout ce qui montre la relation de votre blog à l'extérieur du blog, c'est-à-dire bien souvent les réseaux sociaux. J'ai très vite constaté à quel point les discussions se passaient désormais sur les réseaux sociaux et non plus dans les commentaires. Donc affichez « les articles les plus partagés sur FB » par exemple.

– Et puis si vous avez une page FB ou autre, la sidebar est le bon endroit pour la mettre en évidence, plutôt en haut.

Voilà. Il y a déjà trop de choses dans la sidebar selon moi.

49

Comme un tableau

Équilibrez la composition de la page

Votre site est une œuvre visuelle dont vous devez absolument prendre soin.

Ne perdez pas le cœur de votre site dans la périphérie. Le cœur est au centre et tout doit y mener. L'ensemble est une roue dont les rayons convergent vers les articles. Si votre regard s'en va vers la périphérie, il s'en ira bientôt ailleurs. La composition de la page doit pointer vers le centre.

C'est une véritable œuvre d'art. On ne s'en rend pas compte lorsqu'on se trouve à l'extérieur et qu'on ne s'est jamais prêté au jeu. Mais lorsqu'on a un jour décidé d'ouvrir un blog, on ne met pas longtemps à tomber dans la marmite, et il devient alors très difficile de ne pas prendre soin de son bébé. On le regarde, on le chouchoute, on l'habille, on le déshabille, on fait beaucoup de choses avec lui. Trop d'ailleurs.

Beaucoup de blogueurs qui cherchent à en tirer des revenus font l'erreur de prendre excessivement soin de leur site qui ne ressemble plus à rien. Il clignote dans tous les sens, et l'attention se perd à droite, à gauche, au milieu, en bas et en haut. Alors qu'il n'y a que quelques bricoles à mettre dans les menus, dans la sidebar, dans le footer, mais certainement pas de quoi surcharger l'ensemble dont le cœur doit rester pour toujours et à jamais l'article.

En revanche, il faut bien prendre soin de l'équilibre visuel de la page. Et encore une fois, pas uniquement pour des questions esthétiques (même si ça reste important), mais pour des raisons de clarté, d'évidence. Lorsque le lecteur arrive sur votre site, il doit se sentir en repos, et c'est ce repos qui est à l'origine de son expérience esthétique.

À partir de là, il vous fait confiance.

Quelques exemples

Il y a vraiment deux éléments à prendre en compte lorsqu'on tient un site : ses propres goûts esthétiques et le dépouillement. Si vous en rajoutez des tonnes, et même si vous trouvez ça beau, vous égarez des lecteurs inutilement dans votre petit labyrinthe chéri. Il va falloir trouver un juste milieu. Je parle vraiment d'expérience.

– Plus que le site lui-même, dont j'ai déjà parlé plus haut, c'est ici la page qu'il faut arriver à équilibrer comme un tableau. Je ne le dirai jamais assez, mais l'article est au cœur de la page. C'est lui que j'ai toujours cherché à placer au centre du tableau. Ce qui ne veut pas dire qu'il faut rajouter une colonne à gauche s'il en existe une à droite, mais il faut juste que l'œil soit attiré d'emblée vers l'article.

– Dans Memoblog, l'article est au cœur de la page. Visuellement, il doit prendre 70 % de la page en haut et 90 à 100 % en milieu de texte puisqu'il ne reste plus que la colonne de droite, qui parfois même disparait si l'article est long.

– Lorsque je parle de tableau, je pense beaucoup à l'alternance des illustrations et des vidéos. J'ai toujours tenté de ne pas en rajouter inutilement pour rester dans une certaine forme d'évidence nécessaire à l'expérience du lecteur.

– On peut considérer que les erreurs sur Memoblog se situent en fin d'article. J'avais en tête l'idée de faire passer des « analyses de texte » en fin d'article et je m'y suis en permanence tenu. Non seulement ça gâche l'aspect esthétique des articles, mais en plus ça n'apporte rien. Je ne le retirerai pas puisqu'il y a eu beaucoup de travail, mais je ne le referais pas si on devait m'y obliger un jour.

– Penser à bien équilibrer sur la page les vidéos, les objets, les images, les blocs de citations, et ne pas tout balancer en désordre. J'ai bien souvent ajouté ou retiré du texte juste pour équilibrer visuellement l'article.

L'essentiel des menus
Limitez-vous à quelques mots

Les menus sont les entrées de votre site.

Il ne faut pas se perdre. Donc faites peu de menus, puis diversifiez ensuite, à l'intérieur des menus, avec des sous-portes d'entrée. Montrer qu'il y a beaucoup de choses peut surtout faire penser que c'est le bazar. Sur Internet, la sanction est immédiate, on s'en va voir ailleurs.

C'est la même chose que la sidebar ou les publicités. Si vous voulez réellement créer une relation de confiance avec votre lecteur (et votre blog peut être à visée marchande, ça ne change rien à l'affaire), vous devez l'installer dans un environnement rassurant et non surchargé. Tout ce qui se trouve sur la page doit avoir du sens ; tout ce qui ne trouve pas de sens doit en sortir.

C'est parfois difficile parce qu'on aimerait parler de tout, mais la priorité absolue doit rester de se concentrer sur l'essentiel et de ne pas se disperser dans les menus. C'est quand même dans la sidebar qu'on est le plus tenté de rajouter des tas de choses inutiles, mais la barre de menus, dans son genre, ne se porte pas mal non plus. On voit bien souvent des menus à rallonge qui propose des tas de choses très différentes si bien qu'on n'arrive plus vraiment à saisir autour de quelle thématique tourne le site.

Le menu doit rester simple et clair avec quelques éléments basiques qui forment le cœur de votre site, qu'il s'agisse des onglets accueil, à propos, ou articles par exemple, vous devez aller à l'essentiel et ne pas en proposer vingt. D'autant plus que vous risquez d'en rajouter encore vingt dans la sidebar. Donc essayez de vous retenir et de faire des choix.

Vous fidéliserez vos lecteurs.

Quelques exemples

Que ce soit sur Memoblog (exemple sur lequel je m'appuie le plus souvent puisque le support s'est beaucoup modifié selon mes humeurs au cours du temps) ou sur mon site professionnel paul-souleyre.com, je me suis toujours efforcé de réduire les menus à leur plus simple expression. Il y a beaucoup trop de menus sur psychogenealogie.memoblog.fr par exemple (même si j'en ai pas mal enlevé) et très peu sur tansmission.memoblog.fr ou voyage.memoblog.fr.

– Sur Memoblog-Oran, je l'ai déjà évoqué, j'ai quatre onglets en guise de menu. Les essentiels : accueil, articles, à propos, contact.

– Sur mon site de Voyage à Oran, j'ai les mêmes onglets, plus deux autres dont un renvoie au site professionnel notamment.

– Sur mon site de transmission, j'en ai fait davantage, mais comme le site est épuré, cela compense plutôt l'espace vide.

– Sur mon site professionnel (paul-souleyre.com) qui propose le plus de prestations et produits, j'ai fini par trouver une apparence qui règle le problème, avec des sous-menus détaillés, organisés de manière très claire, mais qui n'apparaissent que lorsqu'on passe la souris sur les menus. Et là, on retombe sur la règle de base : peu de menus, mais clairement identifiables. Il n'y a que cinq menus.

– Sur le site Psychogénéalogie de Memoblog, les choses sont un peu différentes. J'ai tenté un site plus complexe avec deux barres de menus. Une de ces barres renvoyant au contenu qui se trouve à l'intérieur du site, et l'autre renvoyant à plusieurs menus de mon site professionnel. Pour être clair, je n'en suis pas satisfait. Je le modifierai peut-être un jour. Les articles sont en standbye. Il faut se sentir à l'aise sur un site pour être capable d'y écrire régulièrement.

Donc, ne négligez pas les menus qui sont des portes d'entrée dans votre site et c'est aussi bien s'il n'y en a pas des dizaines.

6 — LE RÔLE ET LA PLACE DES MÉDIAS

Les médias sont constitués de tout ce qui n'est pas texte. Du moins est-ce ainsi que je les conçois dans les lignes qui suivent. Le texte est important et le sera toujours, probablement parce qu'il peut être lu à la vitesse désirée par le lecteur contrairement à n'importe quel film ou son qui a sa vitesse propre. Mais le média est davantage que cela, bien sûr, il est un autre moyen de faire passer l'idée.

La grande difficulté à laquelle chacun se trouve confronté est de ne pas faire d'illustration, c'est-à-dire ne pas répéter le texte par une image ou un film. Il s'agit au contraire de faire contraste, pour soulever des questions, ou plus simplement, mettre en évidence une idée contraire. Une image ou un film peuvent aussi servir d'introduction à un problème. Dans tous les cas, il faut lui trouver une place autre que celle de l'illustration. Pas tous les jours simple non plus...

– 51 –
Réécrire la partie importante d'une vidéo
Le texte permet de fixer la mémoire de la vidéo

Le lecteur qui regarde la vidéo doit pouvoir revenir sur le contenu.

Regarder une vidéo est agréable, mais la vitesse n'est pas choisie. Il n'est pas évident de pouvoir retenir des informations, quand bien même ces informations seraient-elles passionnantes. Donc il s'agit de ralentir la vidéo, voire de l'arrêter, pour la faire défiler à la bonne vitesse. Le mieux reste de réécrire, sous la vidéo, le passage important, afin que le lecteur puisse le traverser à la vitesse qui lui convient. Valable pour une interview par exemple.

Le flux vidéo est tyrannique dans le sens où il nous oblige à suivre un rythme qui ne nous est pas adapté. Or, il n'est pas conseillé, dans un article, de forcer le lecteur à quoi que ce soit. C'est aussi la raison qui pousse tout le monde à ne plus faire que des vidéos de 3 minutes sur YouTube ; au-delà, le spectateur perd le fil, et ne peut plus suivre un rythme qui n'est pas le sien. C'est l'époque qui veut ça, avec une chute dramatique de la *capacité d'attention*. J'ai moi-même de plus en plus de mal à regarder un film sur mon téléviseur sans jeter un œil sur l'écran de mon smartphone au moins une fois dans l'heure. Pour rien la plupart du temps.

Donc l'écriture du contenu de la vidéo, sous la vidéo, permet vraiment au lecteur de retrouver son rythme et de chercher à comprendre plus en profondeur ce qui se dit dans la vidéo. Ce sera aussi le moyen de mettre en valeur (en écrivant en gras ?) certains passages qui méritent (selon le point de vue de l'auteur) d'être relevés dans l'optique de l'article.

C'est un travail laborieux, mais payant.

Quelques exemples

Je l'ai fait deux fois de manière très nette, puis plusieurs fois plus légèrement, parce que je ne voyais que cette façon de diriger un peu le regard du lecteur. Sinon, à l'époque qui est la nôtre, le texte n'est plus capable de concurrencer la vidéo, la plupart des lecteurs sont captés par l'image et on ne les revoit plus.

Il y a plusieurs manières de faire, j'en relèverai trois :

– Dans le cas de la vidéo de l'article « René Cerdan, Marcel, sa femme et la petite Édith », j'ai encadré la vidéo :

→ J'ai d'emblée précisé au lecteur (en amont de la vidéo) où et à quel moment il devait regarder dans le flux des images. De manière à ne pas laisser son regard errer seul devant les images.

→ Puis, à la suite de la vidéo, j'ai tout de suite retranscrit l'extrait dont je voulais parler ensuite dans l'article. Le lecteur l'entend une première fois, puis le lit ensuite, à sa vitesse.

– Dans le cas de la vidéo « Escale à Oran », le film dure 20 minutes, et comme toute la ville est passée en revue, j'ai décidé de tout retranscrire, mais plus bas, à la suite d'un petit texte de présentation personnel. Je m'y prends autrement ; je décide de découper le commentaire quasiment phrase par phrase, puis de commenter d'une autre couleur chaque fragment.

Le lecteur ne lira probablement pas jusqu'au bout, et ne commencera peut-être même pas par le début, il scannera certaines choses et reviendra au film pour revoir certains passages. C'est ce que je cherche à obtenir : un spectateur attentif au film.

– Dans le cas de la vidéo de « Reinette l'Oranaise » qui est une chanteuse aveugle, j'ai retranscrit les paroles de sa chanson qui était sous-titrée, pour obliger en quelque sorte le lecteur à retourner dans la vidéo pour la regarder d'un œil un peu différent.

Trouver l'équilibre entre les images et le texte

Le texte et les images doivent être en équilibre visuel

Le texte doit toujours être plus fort que les images.

Mettre de nombreuses images casse le rythme de la lecture qui est à la base de la progression du lecteur dans le texte. Les images doivent appuyer le texte et le renforcer. Elles ne doivent pas le diluer, et encore moins le perdre. Il faut donc que l'article soit équilibré sur le plan visuel.

Sur un écran d'ordinateur, le langage visuel reprend ses droits ; l'écrit n'est plus qu'un signe parmi d'autres. Donc il s'agit de lui trouver sa place au milieu des images, des objets, ou des vidéos. Mais à la vérité, sa place est partout, parce qu'il est ce qui fait lien. Il est le ciment des nombreuses briques d'une page. Il est ce qui serpente entre les blocs et tient l'ensemble.

Donc le texte qui se trouve avant la vidéo doit introduire (de la manière la plus fine possible) la vidéo, et le texte qui se trouve à la suite de la vidéo doit à la fois revenir sur la vidéo et basculer sur la suite. Même chose pour l'image.

Du moins en théorie. Dans la pratique, et pour ne pas tomber dans *l'illustration* qui est le piège absolu de ce genre de logique, il faudra faire lien plus en amont ou plus en aval. Évoquer dans le texte ce qu'une image montrera bien plus loin ou ce qu'une image a montré bien plus haut. Permettre au lecteur de voyager véritablement dans le contenu, c'est-à-dire lui permettre de faire des liens avec ce qu'il a déjà lu en début de texte, et ce qu'il lira à la fin de l'article.

Si l'on revient au côté visuel et à l'équilibre nécessaire entre l'image, les vidéos, les objets, et le texte, il s'agira donc de regarder si, visuellement, le texte s'insinue bien entre les images, les vidéos, et les objets. Ni trop ni trop peu.

Quelques exemples

J'ai passé mon temps à chercher cet équilibre et j'ai fini par penser qu'il fallait s'adapter à chaque article, surtout lorsqu'on décide de varier ses articles, comme je vous le conseille fortement pour ne pas ennuyer vos lecteurs.

– Plus le temps passe, plus les articles deviennent complexes, et j'ai cherché à adapter les photos. La plupart du temps, les photos étaient grandes et prenaient la même largeur que le texte. Typique dans tous les derniers articles de Memoblog. Du coup, le texte alternait avec les photos.

– Au début, j'ai plutôt opté pour deux ou quatre photos dans un cadre. Notamment quand il y avait beaucoup de choses à montrer et à expliquer. J'ai alterné beaucoup de texte avec beaucoup de photos.

– Dans ce dernier cas, comme dans celui de Rosalcazar par exemple, j'ai aussi beaucoup tenté de légender les photos afin que le lecteur s'y arrête et soit obligé de regarder et pas seulement s'intéresser au côté esthétique qui trouve vite ses limites, surtout quand la photo de base n'est pas spécialement... esthétique.

– Mais il est possible de tout rassembler au milieu pour séparer le texte en deux parties ; indiquer d'abord le cheminement par lequel on a découvert quelque chose, puis le présenter, puis en donner quelques explications ensuite. C'est ce que j'ai fait par exemple à propos de l'article sur les photos-cartes.

– Dans les premiers articles, je ne suis pas dans cette logique. Les textes sont un peu plus courts et me demandent moins de recherche. Je papillonne autour d'un contexte et j'essaie d'en saisir les contours. C'est par exemple le cas dans l'article qui traite des cartes postales sur lesquelles on voit des traces d'écriture : « Ce dessin est de la main du Docteur Thomas Ghast. » Là, typiquement, j'alterne les photos de gauche à droite. Ce que je vous conseille pour débuter.

53

Toujours introduire le contexte du média

Le texte enrobe les médias et crée le lien

Le texte doit intégrer le média dans une dynamique générale.

Il faut absolument introduire l'image ou la vidéo et travailler le retour au texte. Préparer son arrivée et soigner sa sortie. Afin qu'elle ne soit jamais une illustration, sans quoi elle ne sert à rien. Elle peut même être néfaste au texte si elle est plus forte que lui. Elle doit toujours se trouver sous le contrôle du texte, intégrée dans une trame. Sinon, l'article a vite fait d'être perdu.

L'idée à défendre ici est que le média ne doit jamais prendre le dessus sur le texte puisque le texte est le ciment de l'article. Si vos briques sont disproportionnées, le ciment ne peut plus jouer son rôle de soutien, et les briques affaiblissent l'édifice qui finit par s'effondrer. Donc il s'agit toujours de soutenir au maximum le média pour qu'il ne déséquilibre pas l'ensemble.

Et pour cela, il faut que le texte prépare la vidéo en amont et en permette la sortie en aval. Sinon, on a vite fait de perdre son lecteur à la fin de la vidéo. La capacité d'attention des individus ayant dramatiquement chuté, si vous ne faites pas l'effort de récupérer votre lecteur à la sortie de la vidéo, il aura toutes les chances d'aller voir ailleurs.

Comment faire ?

Il y a plusieurs techniques comme reprendre une partie de la vidéo en écrit, ou donner des précisions sur le contexte, davantage d'informations. Mais l'essentiel se trouve toujours ailleurs : raconter une histoire ; refaire le lien avec le propos essentiel de l'article, reprendre l'histoire où on l'a laissée avant la vidéo, fondre le média dans le ciment du texte.

Un média n'existe pas seul.

Quelques exemples

Beaucoup d'exemples divers ici puisque j'ai moi-même essayé de beaucoup varier sur Memoblog-Oran. Il fallait retenir le lectorat de toutes les manières possibles (sans tomber dans le racolage, bien sûr) et j'ai donc pas mal écumé les sujets et les formes. L'objectif est à chaque fois de bien entourer le média pour ne pas perdre le lecteur en cours de route.

– Dans « À Oran, la Cité de la mer a sombré corps et âme, mais le reste avance », j'introduis une vidéo sur le projet pharaonique qui se construit à Alger (par comparaison) et je parle aussi bien de ce projet dans les deux paragraphes qui précèdent la vidéo que dans les deux qui suivent. Encadrement classique.

– Dans « Waada et Karantica de Sidi El Houari » j'encadre la vidéo centrale avec du texte en italique qui sont des reprises de Wikipedia ou d'ailleurs. Je cherche à conserver la forme et le sens de ce qui entoure la vidéo.

– Dans « Nicole Garcia raconte brièvement son exode », il s'agit cette fois-ci d'un extrait audio que j'introduis longuement, mais que je ne glisse pas malgré tout à la fin du texte parce que je tiens à ce que le lecteur reste après l'écoute de l'extrait.

– Même chose pour « Bienvenue chez Maurice el-Medioni » dont l'article intègre un extrait audio d'une de ses chansons qui évoque Oran. Il y a pas mal de texte en amont pour introduire le contexte et pas mal de texte ensuite pour continuer sur sa vie. À noter qu'en fin d'article, je rajoute une vidéo d'un de ses concerts.

– Dans l'article « Kouider Berkane n'aime plus le raï de Khaled », c'est plus complexe puisque j'introduis une problématique dans les premiers paragraphes, puis je laisse au lecteur le soin de regarder la vidéo, puis je reprends et prolonge le questionnement ensuite. C'est-à-dire que le média s'inscrit vraiment dans le flux du texte. Le moins simple.

54

Faire se répondre les images

Les images se parlent entre elles

Chaque image doit prendre en compte celles qui précèdent et suivent.

Quand l'article contient plusieurs images, il ne faut pas les disposer au hasard. Éviter la symétrie, sauf si deux photos se répondent. Sinon, décaler au hasard les images par rapport à elles-mêmes et par rapport au texte. Faire une sorte de mosaïque agréable à l'œil. La page doit être avant tout équilibrée.

La place des images doit être prise au sérieux puisque celles-ci peuvent être disposées sur la page aussi bien au centre qu'à gauche ou à droite, ce qui est moins évident à mettre en place avec de la vidéo ou d'autres objets. Ce sont des obstacles au flux de la lecture, de même que des rochers forment obstacle au flux d'une rivière. En fin de compte, elles orientent pour partie le texte, et doivent être disposées parcimonieusement le long du flux pour ne pas gêner la lecture.

C'est un premier point. Mais si les images ne servaient qu'à cela, ce ne serait pas intéressant d'en parler.

Il est toujours judicieux de se tirer vers le haut et de s'obliger au meilleur. Ici, obliger les images à répondre au texte et à se répondre entre elles. Jamais d'illustration du texte (dans la mesure du possible, et c'est plutôt difficile ; je n'y suis pas toujours arrivé, loin de là), mais questionnement dans le prolongement du texte. Contraste par rapport au texte et contraste par rapport aux photos précédentes et suivantes. Tenter au maximum d'être en léger décalage avec le texte (donc dans la nuance) et sur des modes et des registres différents par rapport aux images qui ont précédé ou suivi.

Quelques exemples

Dans certains de mes articles sur Memoblog-Oran, les photos se situaient réellement au cœur du texte, et tout tournait autour d'elles. Il fallait que les photos se répondent entre elles afin que le lecteur saute de l'une à l'autre entre le texte, qui n'en était que le ciment.

– L'article typique est par exemple « Ce dessin est de la main du Docteur Thomas Ghast » dans lequel plusieurs cartes postales se succèdent et se répondent entre elles et au texte. C'est l'article dans lequel le lecteur va arrêter plusieurs fois sa lecture pour revenir sur les photos, et faire des comparaisons, naviguer dans les photos.

– Un article assez inhabituel sur Memoblog est basé sur les photos : « Je découvre par hasard la blouza oranaise ». Il y a un vrai aller-retour entre le texte et les photos et une vraie mise en scène de la recherche dans le texte qui prend appui sur les photos.

– Un autre article assez inhabituel traite de ce que j'ai appelé les « photos parallèles » qui mettent côte à côte des photos anciennes et des photos récentes de la ville d'Oran prises très exactement sous le même angle. Le texte soutient en permanence les photos par un questionnement personnel et une recherche sur le sens de cette juxtaposition, mais il n'en est que le lien, le ciment intime. Le cœur de l'article est constitué des photos.

– Plus discrètement peut-être, l'article « Théâtres, cinémas et spectacles à Oran dans les années 50 » glisse dans le texte des photographies d'entrées de cinéma (il y en avait des tonnes à Oran dans les années 50) même si le texte n'y fait pas explicitement référence. C'est une sorte de fil rouge en image qui permet de conserver une ligne directrice.

– Ou encore dans l'article « Le chat noir du musée Nessler » quelques photos très marquantes et un petit clin d'œil en fin de texte avec le doux plaisir du chat noir.

55

Accompagner les documents audio et vidéo
En extraire l'élément le plus fort

Les documents audio et vidéo doivent être limités et accompagnés.

Il faut limiter les documents audio et vidéo dans le temps. Pas plus de 3 minutes. C'est une triste règle, mais valable pour l'éternité : le lecteur a autre chose à faire. Donc il faut tout faire pour le retenir et plus encore pour ne pas le faire fuir. Rien de tel pour éloigner un lecteur que de mettre un document de 15 minutes. Il ne le regardera jamais. Donc, extraire le moment le plus fort (ce qui signifie soustraire beaucoup de ce qu'on aime) et le mettre en valeur par une « entrée » et une « sortie ».

Accompagner les documents audios et vidéos est essentiel (et j'en ai déjà parlé un peu plus haut) parce que cet accompagnement permet d'entrer en condition.

Il est important, dans une maison, d'avoir un vestibule qui permet de ne pas encore être tout à fait dans l'ambiance de l'intérieur si l'on doit rejoindre un groupe d'amis, et pourtant de ne plus être dehors, ailleurs mentalement, puisque la situation s'apprête à changer. Le vestibule est ce lieu intermédiaire, cet entre-deux, qui permet de se préparer en douceur au changement.

Il est tout aussi important, dans une vidéo, d'être à la fois accompagné pour entrer dans ce monde animé, et accompagné pour en sortir, c'est-à-dire pour revenir au monde des lettres fixes, le texte. Dans tous les cas, il y a le risque de perdre le lecteur en route, donc il faut absolument le prendre par la main et le guider, en douceur, délicatement, d'un endroit à un autre.

Ne jamais oublier cette règle essentielle : *le lecteur a autre chose à faire de sa vie.*

Donc le prendre par la main.

Quelques exemples

Extraire les éléments les plus forts et les indiquer au lecteur pour accompagner les documents audio et vidéo (ou même photo) est devenu crucial en ces temps pressés. On ne peut plus se permettre de poster une vidéo de 10 minutes, ou même des images, s'il n'est pas indiqué dessus ou dessous ce qu'il y a à regarder. Il faut guider le regard.

– L'article « La Sénia et ses petits personnages peints » prépare dans une première partie du texte la mise en place d'une vidéo qui montre un tableau un peu particulier. Cette particularité, je ne la donnerai qu'après la vidéo, si bien que j'ai conscience que les lecteurs jetteront un œil vite fait sur le média puis continueront la lecture. Mais c'est une particularité tellement spéciale que je sais qu'ils reviendront à la vidéo lorsqu'ils auront lu le texte.

– Dans l'article « École Delmonte : le film de l'instituteur François Salvador », c'est la même chose. La vidéo est longue (8 min) et je sais que si je ne pointe pas certains éléments du film, le lecteur ne s'engagera pas dans une durée aussi longue. Donc, à la suite du film, je pointe des éléments précis éparpillés un peu partout.

– Si je sors un instant du cadre des vidéos ou des audios où l'idée finit par être évidente, il faut bien souvent faire la même chose pour les photos ou les dessins : pointer du doigt. Pour des tas de raisons. D'abord parce que le regard s'éduque, ensuite parce plus personne n'a le temps de chercher. Donc aller à l'article « Ce que la nuit doit à Brouty » et regarder comment je me suis forcé à pointer du doigt, en fin d'article, ce qu'il y avait à voir dans le dessin de Serge Durrieux.

– Ou alors, il faut vraiment que la vidéo elle-même pointe du doigt, dans chacun de ses plans ou presque, ce qu'il y a à regarder de manière à forcer le regard du lecteur. Voir pour cela la vidéo que j'avais moi-même faite dans l'article « Une vidéo sur les rapatriements de monuments en France. »

56

Relancer un article avec une vidéo
La vidéo est un élément de rupture

La rupture du texte permet de rebondir sur autre chose.

La vidéo est un support intéressant pour relancer un texte. Il y a un avant et un après lorsqu'une vidéo est intégrée dans un article. Ce n'est pas le cas avec une image. La vidéo est non seulement attractive, mais elle permet au texte d'être scindée en deux parties qui vont se répondre l'une l'autre. Donc, placer de préférence la vidéo dans le texte plutôt qu'à la fin.

J'ai parlé du danger de la vidéo comme déconnecteur de texte. Il arrive que le lecteur soit coupé dans sa lecture par une vidéo et qu'il quitte définitivement le texte. D'où l'importance d'introduire la vidéo, mais aussi de placer du texte tout de suite après pour réintégrer le lecteur le plus vite possible dans l'article. Mais l'inverse peut aussi arriver.

Il arrive que l'article ne soit pas forcément brillant et qu'il faille malgré tout l'écrire parce qu'on s'est mis en tête d'en écrire un tous les jours, ce qui était mon cas sur Memoblog. La vidéo peut alors être une solution pour sauver l'article parce qu'elle va permettre de faire rebondir plus ou moins artificiellement le texte et le rendre attractif.

Encore faut-il ne pas se tromper sur le rôle de la vidéo et s'en servir à bon escient. Il ne s'agit pas de faire du remplissage, mais de permettre au texte (qui rame) de rebondir, et de lui faire prendre une autre direction. Ainsi, la première partie peut elle-même commencer à prendre du relief si la seconde - celle qui suit la vidéo - arrive à prendre une nouvelle direction.

Sinon, ne pas hésiter à encore utiliser un média (pas une vidéo) pour couper le texte et changer de direction.

Quelques exemples

La rupture que provoque la vidéo n'a pas toujours été pour moi un élément négatif entrainant la crainte de perdre mon lecteur. Bien souvent, elle a surtout été la possibilité de relancer le texte pour lui donner un second souffle.

– Un cas typique est par exemple celui de l'article dont j'ai déjà parlé dans cette partie et qui s'intitule « À Oran, la Cité de la mer a sombré corps et âme, mais le reste avance. » La vidéo de milieu d'article évoque un projet pharaonique à Alger qui permet ensuite de basculer sur un projet tout aussi pharaonique à Oran. Je me suis ici servi de la vidéo comme bascule d'une ville à l'autre et donc d'une partie de l'article à l'autre.

– Dans l'article qui évoque « Reinette l'Oranaise », la vidéo se trouve aussi au centre du texte et c'est sur le plan du style qu'il y a un brutal changement entre l'avant et l'après média. Avant, il y a une sorte de présentation rapide de l'artiste aveugle et magnifique chanteuse ; après, il y a une sorte de lyrisme personnel autour de son mystère. Ça vaut ce que ça vaut, la qualité n'est pas le sujet ici, mais la vidéo aura joué son rôle de bascule d'un point à un autre. Il n'aurait pas été forcément judicieux, après un extrait aussi émouvant, de rester dans la présentation journalistique.

– Un peu la même logique dans un article tout aussi musical, mais cette fois-ci sur le raï, « Kouider Berkane n'aime plus le raï de Khaled » et sur le violon dans le raï. L'avant vidéo présente le contexte dans lequel je comprends le problème de Khaled, de Berkane, et du raï, puis une question — juste avant la vidéo — permet d'orienter le regard du lecteur, puis encore — à la suite de la vidéo — on bascule dans quelque chose de plus profond. La vidéo a d'une certaine manière servi de détonateur.

57

Sortir de l'iconographie habituelle
Les images doivent être en décalage

Il s'agit de se décaler par rapport aux images attendues.

Il existe toujours un ensemble de références iconographiques autour d'une notion et la possibilité de jouer avec les clichés. Soit en jouant à fond la carte du cliché, soit en s'en écartant ostensiblement, soit en confrontant les deux. Ne jamais fournir une image de plus identique à toutes celles déjà connues, juste pour le plaisir de mettre une image.

Le cas des images est vraiment typique. Sur Internet, c'est vraiment le royaume des niaiseries préfabriquées selon des canons qui n'ont aucun sens, mais auxquels tout le monde semble attaché. Le problème des images payantes est un faux problème, il existe des tas de sites avec des images libres et gratuites, ce qui n'empêche pas les auteurs de continuer à nous abreuver de niaiseries. On finit parfois par y croire soi-même et à parsemer son texte de couchers de soleil.

De grâce, passez à autre chose. L'image est contraste. Donc à la limite, n'importe quelle image hors contexte sera toujours plus intéressante que la plus belle des images bateaux que tout le monde a déjà vues cent fois sous une forme voisine. Il s'agit de faire un pas de côté et de questionner le texte. De provoquer réellement un arrêt dans la lecture et un questionnement devant la photo.

La plupart du temps, il s'agit seulement de rester dans le sujet, mais de choisir une photo inhabituelle dans le contexte. J'en ai déjà parlé plus haut : une idée résulte du frottement entre deux objets. L'un de ces objets est le propos du texte, l'autre est la photo. À eux deux, ils peuvent générer une idée brillante.

Ne vous en privez pas.

Quelques exemples

Des exemples à foison dans ce cas-là puisque j'ai beaucoup travaillé à partir de photographies pour mon blog sur Oran. Et le but du jeu, dans mon cas, était de me défaire des images d'Épinal pour tenter d'entrer dans une certaine réalité. Donc des images de toute sorte ont parsemé le site.

– Commençons par un article dont le désir de sortir de l'imagerie habituelle est volontaire : « Monuments sous le charme des échafaudages. » Toutes les photos qui se succèdent montrent des bâtiments en train de se construire et cassent volontairement l'imagerie traditionnelle.

– Dans le cas de « Théâtres, cinémas et spectacles à Oran dans les années 50 », il y a la volonté de montrer autre chose que les façades de cinémas, mais plutôt les intérieurs, et si possible remplis. D'où la première photographie.

– Même chose pour l'article consacré au grand couturier né à Oran « Le patchwork aux mille couleurs de Yves Saint Laurent », il fallait à tout prix rester à Oran. Parce que la difficulté ici est de rester à Oran et de ne pas partir sur la biographie de YSL.

– Dans « Les petits arrangements colorisés de Maurice Furic » on est dans le même cas que dans les échafaudages : c'est le choix de reprendre toute l'iconographie habituelle en lui donnant une teinte subjective.

– L'article « Serge Durrieux connaissait-il Charles Brouty » présente en bas du texte deux photos qui ne sortent pas de l'ordinaire, mais qui indiquent aux lecteurs des numéros pour jouer à légender. Tout est bon pour sortir l'œil de son confort habituel.

– Il y a tellement d'articles où j'ai tenté de mettre des photos un peu spéciales que je ne les nommerai pas. Seulement, une photo très belle, seule, dans un article à part : « Antoine Martinez et sa femme Alice. »

58

Intégrer des « objets » dans le texte
Les objets ont la force de leur singularité

Les objets sont toujours étranges et c'est leur qualité.

L'intégration de plans, de webcams, ou de pages Gallica est intéressante la plupart du temps parce qu'elle permet au texte de trouver une certaine étrangeté. Et l'étrangeté attire toujours le regard du lecteur. Mais ne jamais mettre de curiosité pour la curiosité parce que l'effet inverse est dévastateur. Un lecteur déçu s'en va et ne revient jamais. Pourquoi reviendrait-il ?

Il faut toujours se rappeler que le texte est le lien des différents objets. Que des objets seuls ne valent pas grand-chose si l'on n'est pas capable de leur construire un minimum de contexte. Je vous conseille de regarder les sites d'informations : les objets s'intercalent de plus en plus souvent et de plus en plus nombreux à l'intérieur du texte. Probablement aussi parce que l'attention des lecteurs a très largement diminué et que plus personne n'est capable de finir un article. En revanche, tout le monde est capable d'en commencer un...

Donc c'est dans la première moitié de l'article qu'il faut travailler à placer ses objets pour aiguiser la curiosité des lecteurs. Parce que si les lecteurs ne sont plus capables de lire, ils ont en revanche développé une curiosité de plus en plus boulimique. C'est sur ce point qu'il faut appuyer aujourd'hui. Ne surtout plus rechercher la longueur des articles, mais multiplier les objets à l'intérieur d'articles courts, de manière à favoriser la navigation des lecteurs dans votre site.

La force des objets est leur singularité. Donc appuyez sur les particularités sans jamais perdre de vue le contexte dans lequel ils s'inscrivent pour ne pas égarer votre lecteur.

Quelques exemples

Le seul problème des objets est qu'ils tiennent moins bien le choc dans le temps parce qu'il arrive que des liens changent. Je crois que certains de mes liens ne sont plus valables aujourd'hui, mais ceux que je vous donne ci-dessous le sont encore et ne devraient pas changer. De toute façon, ils ne servent que d'exemples. Les objets vont se multiplier à l'avenir.

– *Commençons par les cartes en provenance de Google Maps ou d'ailleurs. J'en ai utilisé plusieurs fois (et notamment Street View lorsqu'on était en France) pour localiser et montrer à quoi pouvaient ressembler des monuments qui étaient à Oran avant 62 et qui ont été rapatriés aux quatre coins de la France ensuite. L'intérêt, c'est que les gens peuvent naviguer à leur gré au sein de la carte, contrairement à une photo par exemple. Mais je dirais finalement qu'elles sont complémentaires. Voir l'article « Quelques mots sur la statue de Périssac. »*

– *J'ai aussi utilisé la bibliothèque Gallica pour intégrer quelques ouvrages anciens qui dataient du XIXe siècle et qui évoquaient les souvenirs de personnages qui avaient connu les lieux. C'est le cas par exemple pour l'article « Un secteur d'Oran qui tourne autour de l'urbaniste Émile Cayla » dans lequel j'ai inséré un « Avant-projet de déplacement et de reconstruction du parc aux fourrages et des quartiers de cavalerie » réalisé par un urbaniste de l'époque. On peut la consulter directement dans l'article et tourner les pages à son aise.*

– *Dernier exemple ici, celui de la webcam du grand hôtel Sheraton d'Oran perché au sommet de la falaise et qui offre une très belle vue sur le port et la montagne de Santa Cruz. Une vue qui change au grès des heures. Voir la fin de l'article « Le Sheraton d'Oran : hôtel du XXIe siècle. »*

59

Jouer de la tablette graphique

Donner des explications vidéo

La tablette graphique permet de mettre en scène une recherche.

C'est de cette manière que je m'en suis parfois servi. Notamment dans un article qui partait à la recherche d'un élément mystérieux. La tablette permettait d'avancer d'image en image vers la résolution finale. J'aurais pu davantage l'utiliser. Mais il faut maitriser le sujet et ce n'est pas toujours simple. C'est un outil qui a toujours un certain succès parce qu'il permet un contact avec le lecteur. On a souvent des commentaires par la suite.

Le bonheur de la tablette graphique est de mettre du mouvement à l'intérieur de votre article. On peut l'utiliser pour beaucoup de choses parce qu'il est visuel et permet d'aborder des sujets très différents. Il ne faut pas avoir peur de l'utiliser. Bien sûr, certains croient que les infographies sont beaucoup mieux. Erreur. L'infographie est à la tablette ce que le PowerPoint est au tableau blanc : une illusion de modernité parfaitement ennuyeuse. Qui ne s'est pas déjà affreusement ennuyé devant un PowerPoint ?

Le secret d'un PowerPoint réussi, c'est... la personne qui le présente. Donc autant mettre en valeur celui qui présente, c'est-à-dire vous, d'une manière plus vivante et proche. La tablette graphique couplée à votre voix vous permettra de créer du contenu vivant et dynamique plus intéressant que n'importe quelle artificielle succession d'images.

N'hésitez pas à avancer sans masque, faites de vilains dessins, des erreurs en direct, ils se mélangeront toujours avec vos petites pépites d'or et créeront un contenu de valeur mille fois plus intéressant que tout le reste.

Quelques exemples

Je ne l'ai pas beaucoup utilisée et je le regrette aujourd'hui parce que c'est un bel outil. Je pense l'avoir utilisée quatre fois, et plutôt vers les premiers articles.

– C'est dans l'article « Edgard Attias et le monstre marin d'Oran » que je dois l'utiliser la première fois. La vidéo se trouve en bas et je pars à la recherche d'un coin du port d'Oran ou un lamantin a été aperçu en 1947. J'ai des indices et je décide de prendre des cartes de la ville pour identifier où se trouve l'endroit mystérieux.

– Mon second article doit être celui de la mosquée du Bey « La vieille mosquée du Bey d'Oran. » Je cherche à y résoudre le problème d'une photo qui me parait irréaliste. On est en 1920 à Oran, et on voit la photo d'une mosquée complètement isolée au bord de la mer alors que la ville est déjà construite. Mystère. La tablette graphique permettra de montrer ma recherche puis d'avancer peu à peu dans sa résolution. Un exemple à suivre et que je garde toujours en tête.

– Le troisième article contenant ce type de vidéo réalisée à la tablette doit être celui qui retrace la géologie du coin « Oran au sommet du monde. » Un article qui n'a pas eu de succès, probablement parce que la manière de faire est trop scolaire, et peut-être aussi parce que ça n'intéresse pas grand monde. Mais j'ai pris beaucoup de plaisir à le faire. Là encore, j'ai cherché à développer une recherche et je trouve que la tablette se prête bien à ce jeu.

– Enfin, je pense que je l'utilise pour la dernière fois lors d'un article sur les bains de la reine et le rocher de la vieille « La vieille dame et la jeune fille. » Ensemble, les deux me font penser à une illusion d'optique assez connue constituée par une image dans laquelle il faut arriver à retrouver à la fois une vieille dame et une jeune femme. Certains lecteurs se sont plaints de ne voir ni l'une ni l'autre, si bien que je me suis dit : pourquoi ne pas prendre la tablette et montrer les deux femmes avec le stylet...

60

Utiliser Google Earth
Fournir des repères au lecteur

Google Earth est un outil pour montrer de l'espace en mouvement.

Il est possible d'enregistrer Google Earth dans une qualité tout à fait correcte avec un outil comme « Fraps ». Évidemment, Google Earth ne s'applique pas à tout, mais il est possible de s'en servir de manière indirecte dans pas mal de cas. Il ne faut pas hésiter. Sauf si c'est pour la frime parce que la frime ne paie pas. Totalement contre-productif.

Mais si vous êtes capable de vous servir de cet outil, non pas pour l'outil en lui-même, mais pour sa capacité à rendre votre propos beaucoup plus dynamique ou clair, alors c'est gagné, vous avez fait votre travail de séduction. Parce que je ne connais rien de mieux pour présenter certaines connaissances comme des déplacements de personnes (exil) ou d'objets (rapatriement de statues) à travers le monde.

Vous pouvez très facilement présenter les lieux et les trajets que les personnes s'apprêtent à effectuer ou ont effectué par le passé, et si l'enregistrement et le montage sont correctement exécutés, vous n'avez presque plus besoin de texte, parce que tout est dit. C'est un outil d'une puissance formidable et il serait regrettable de ne pas en profiter. Tout est bénéfice. Aussi bien pour vous que pour votre lecteur.

En revanche — et c'est toujours la même histoire — il ne faut jamais utiliser cet outil pour son côté spectaculaire. Sinon, on tombe tout de suite dans « la technique pour la technique » et c'est comme « l'art pour l'art », une grosse ânerie. Parce que si la performance artistique n'est soutenue par aucun propos, elle s'effondre sur elle-même.

Votre technique est toujours au service d'une idée.

Quelques exemples

Je l'ai assez peu utilisé en fin de compte, mais je me demande si je ne vais pas faire quelques vidéos supplémentaires maintenant que je connais beaucoup mieux la ville. Il faut un peu maitriser la géographie ou avoir bien préparé son coup pour faire ce genre de vidéos.

*

– Dans le premier article du blog, j'ai choisi de faire une vidéo de présentation des lieux géographiques emblématiques de la ville afin que le lecteur novice puisse au moins découvrir entre quels repères s'inscrit la ville. Google Earth a une fonctionnalité intéressante puisqu'il est possible d'épingler à l'avance certains lieux puis d'avancer ensuite d'épingle en épingle. C'est de cette manière que j'ai réalisé cette première vidéo et je pense avoir enregistré l'écran avec le logiciel Fraps.

– Dans la seconde vidéo réalisée quelques mois plus tard, Google Earth trouve vraiment son utilité, puisque je passe mon temps à naviguer de chaque côté de la Méditerranée entre Oran et la France pour montrer où les différents monuments de la ville ont été rapatriés après 1962. On aurait difficilement pu mieux faire sans Google Earth avec juste des images ou du texte. Le sujet n'est pas forcément simple à traiter avec du texte puisqu'il est particulièrement géographique, donc ce type d'outil est juste parfait.

7 — LES BASES DU RÉFÉRENCEMENT

Attention, attention ! Ceci n'est pas un manuel de référencement. Je ne suis pas un professionnel et le référencement est quelque chose de suffisamment sérieux pour que j'évite de faire croire que je m'y connais. Donc je mets ici les bases à connaître dans les relations complexes que Google (puisqu'il occupe 95 % du terrain en France) entretient avec l'internaute. Mais pas beaucoup plus.

Ce sont des notions qu'on ne comprend pas forcément tout seul et tout de suite, alors qu'elles sont simples lorsqu'on a fini par les saisir, au point qu'on se demande parfois pourquoi on a mis tant de temps à les intégrer. Mais il faut être capable de se sortir d'une situation difficile avec les données, et ce n'est pas si simple. En résumé, il ne suffit pas d'avoir compris, il faut pouvoir passer à l'action. Je ne propose que quelques notions de base.

61

Les backlinks

Écrire des choses intéressantes

Les backlinks indiquent que les autres s'intéressent à vous.

Le site le plus nul du monde sur le plan architectural passera toujours devant vous s'il a des choses intéressantes à dire. Intéressantes pour les sites de référence qui vont lui faire des liens. Trois liens de qualité valent plus que trois mille liens bidon. Donc plus vous écrivez de choses intelligentes, utiles, et désirées, moins vous avez à vous préoccuper de la technique.

Le jour où j'ai compris cette règle assez simple, à la base de tout référencement, j'ai commencé à relativiser toutes les autres règles et je me suis concentré sur le contenu. Fabriquer une base solide qui corresponde réellement aux besoins des lecteurs est l'élément clé de tout référencement. La partie technique dont je vais un peu parler (mais vraiment très légèrement) dans les pages suivantes ne pèse pas grand-chose au regard du contenu créé sur votre site.

Plus vous vous efforcez de créer de la valeur, plus cette valeur crée du lien en retour, plus vous avez de backlinks. Et obtenir des vrais backlinks ne peut se faire qu'avec l'assentiment de personnes dont le site est déjà de qualité, mais qui reconnaissent dans le vôtre suffisamment de vertus pour percevoir comme une plus-value le fait de rajouter sur le leur un lien qui pointe vers votre adresse.

J'ai souvent entamé un dialogue avec les personnes qui tenaient un site de référence dans ma thématique (Oran) parce que nous étions tous les deux passionnés par notre sujet et non pour des raisons de référencement. Ensuite, les choses se sont faites toutes seules.

Les vrais backlinks ne tombent pas du ciel. Ils sont une conséquence logique de la qualité de votre travail.

Quelques exemples

Pour cette partie référencement, il va être difficile de donner des exemples comme j'ai pu le faire pour les parties précédentes parce que l'exercice ne se prête pas vraiment à l'exemple, donc je ferai ce que je pourrai...

– Obtenir des backlinks, dans le cas de Memoblog par exemple, c'était pour moi arriver à toucher les gros poids lourds de ma catégorie, c'est-à-dire les sites qui évoquaient Oran, donc le monde pied-noir. Un monde très difficile à pénétrer, et peut-être plus encore pour un enfant de Pieds-Noirs, contrairement à ce que l'on pourrait penser. Parce qu'il s'est senti trahi il y a bien longtemps, ce monde s'est refermé sur lui-même, et ne fait désormais plus confiance à personne.

Je ne vais pas discuter ici le bien-fondé ou non de cette attitude extrême parce que ce n'est pas le lieu, mais le moins que l'on puisse dire, c'est qu'en termes de backlinks, il faut s'accrocher. Donc je n'ai pas cherché les backlinks. Mais j'en ai quand même obtenu parce que j'ai beaucoup travaillé mon sujet et qu'on a fini par m'accorder un peu de crédit.

Si vous voulez obtenir des backlinks, travaillez votre sujet sans relâche, visez toujours la qualité, tirez-vous toujours par le haut, même si personne ne vous comprend, ni ne vous soutient, ni ne vous pousse, ni ne vous encourage. Prenez exemple sur le baron de Münchhausen et tirez-vous vous-même par les cheveux pour vous extraire de la mélasse ambiante, pour aller chercher le meilleur de vous-même, au-delà de tous les regards critiques qui seront portés sur ce que vous faites, par des gens qui ne font rien.

Le backlink, c'est la récompense de votre abnégation, de votre acharnement, de votre travail de fourmi, et de la volonté de fabriquer un contenu de qualité à la fois pour vous et pour les autres.

62

Le duplicate content

Faire dans l'original

Copier son voisin n'est jamais une bonne idée.

L'algorithme de Google est un vilain, il ne supporte pas qu'on prenne les informations chez son voisin, et il sanctionne. Il est maintenant capable de comparer une seule page à tout le reste du Web... Ça fait peur. Alors autant bien se tenir et vérifier si l'on n'écrit pas deux fois la même chose, à l'intérieur de son site comme à l'extérieur.

Lorsqu'on a tenu comme moi un site historique basé sur une recherche presque entièrement réalisée sur Internet, c'est une problématique à laquelle on est très vite confronté : comment ne pas faire la même chose que les autres ? Mais la problématique est en vérité la même pour tout le monde et pas seulement pour ceux qui tiennent des sites à vocation historique. Google exige du contenu original, au sens propre du terme (pas du tout au sens créatif du terme...), donc il n'est pas question de faire du copié-collé. En revanche, il est hors de question d'inventer quoi que ce soit non plus, donc l'objectif fondamental est de reformuler ce qui existe déjà.

Il existe deux façons de reformuler un texte : soit de manière technique à la façon d'un mixeur — c'est ce que je fais en tant que Rédacteur Web lorsque je suis amené à rédiger des articles pour d'autres que moi — en mélangeant l'ordre des idées et des mots, soit à la manière de l'intestin grêle, en digérant le contenu en profondeur pour en tirer la substantifique moelle, et c'est ce que j'ai fait avec Memoblog, mon blog sur Oran.

La seconde méthode est bien plus longue et difficile que la première. Tout dépend du temps qu'on a devant soi et de la rentabilité qu'on attend du processus. Mais la réelle originalité provient évidemment du processus de digestion-assimilation.

Quelques exemples

Pour éviter le duplicate content, il y a tout de même plusieurs possibilités, notamment si vous tenez un site de contenu froid, c'est-à-dire qui n'est pas lié à l'actualité. Pour les sites d'actualité, je ne sais pas quoi en penser, parce que j'ai l'impression de lire partout la même chose même si les mots sont dans le désordre. Ce qui est d'ailleurs le principe de base quand on veut lutter contre le duplicate content. Mais bon.

– J'ai passé mon temps à fouiller sur tous les sites liés à Oran pour tenter de trouver des thématiques qui n'avaient pas été traitées de la manière dont je voulais les traiter. Je crois quand même que tout commence par là ; écrire quelque chose d'original, c'est surtout porter un regard subjectif sur des éléments accessibles à tous, qu'il s'agisse du nouvel iPhone ou de la cité Perret à Oran.

– Parce que trouver la nouveauté, le truc dont personne n'a jamais parlé, ça peut arriver de temps en temps, voire devenir le leitmotiv de certains médias ou sites Internet, mais ça rend surtout idiot. Assujettir complètement sa thématique à la dernière nouveauté à la mode ou au détail insignifiant dont personne n'a jamais parlé (et pour cause) ne peut que porter tort au site et à l'esprit de son auteur. L'originalité se trouve ailleurs, dans la capacité de porter un regard personnel sur ce qui n'est pas nouveau, quand bien même s'agit-il d'un iPhone, qui de toute façon perd son caractère de nouveauté dans les 24h qui suivent sa sortie en magasin.

– Donc le mieux est clairement de courir tous les sites et de relever ce qui fait sens, puis de le mixer dans le broyeur de son esprit qui saura en tirer de quoi construire de la nouveauté. C'est ce que n'importe quel corps humain fait en mangeant de la salade ou un kebab : Digérer les aliments-Assimiler les nutriments-Réutiliser les nutriments pour se construire ou se renouveler.

Point de duplicate content dans ce processus universel.

63

Les 404, 301, no robots et no index
Nettoyer devant sa porte

Avant d'accuser Google, penser à lui ouvrir la porte.

Pour que votre site soit référencé par Google, il faut qu'il puisse accéder à vos pages. Si vous laissez des pages qui ne servent à rien, vous allez le ralentir dans son travail, et comme il n'a pas que ça à faire, il ira voir ailleurs même s'il n'a pas fini le travail chez vous. Donc, éliminez le superflu. Faites des redirections 301 et désindexez les pages qui plombent le site.

On s'éloigne du style proprement dit et on pénètre dans les arcanes de la technique, mais est-il seulement possible de rejeter la technique d'un revers de main lorsqu'on écrit sur Internet ? Il est très important de comprendre que la technique fait partie de l'écriture, de même que tous les écrivains ont leur stylo, leur papier, et leur endroit préféré. On n'écrit pas sans support.

Dans le cas de l'écriture Internet, le support est complexe, mais il n'en détermine pas moins la façon dont vous allez écrire. Je l'ai déjà mentionné plusieurs fois, mais l'écran lui-même et son scintillement agressif modifient en profondeur la lecture, donc vous ne pouvez plus écrire de la même manière. Si les liseuses comme le Kindle existent, c'est bien parce qu'il est difficile de lire sur un ordinateur et même sur une tablette. Donc vous devez entrer dans la technique.

Et le problème des pages 404, 301, etc. n'est pas un problème superflu. C'est comme lorsque vous tenez un livre trop grand et trop lourd entre les mains. Vous ne savez plus comment vous installer pour bien placer votre livre sur les genoux, et vous êtes mal à l'aise. Dans le cas de l'ordinateur, les pages s'afficheront mal, et la lecture sera gênée.

Écrire, c'est aussi prendre soin de son support.

Quelques exemples

Memoblog n'est pas forcément un cas exemplaire de ce point de vue. Je dois avoir pas mal de pages 404 en magasin même si j'ai fait un peu de ménage. Il y a malgré tout des moyens de s'en sortir sur une plateforme comme Wordpress, et même quand on ne connaît rien à la technique. C'est l'avantage de ce CMS, de nombreux plugins peuvent venir régler les problèmes à votre place.

3 plugins qui peuvent clairement vous simplifier la tâche :

– Le premier plugin que j'ai installé il y a déjà bien longtemps s'appelle « 404 notifier » qui m'envoie un message dès qu'une page 404 apparaît sur mon site. Ça ne sert pas à grand-chose d'autre que d'être au courant, mais ce n'est pas négligeable parce qu'on comprend vite qu'il y a un problème. Notamment lorsque des robots passent et mettent le bazar. Ou lorsqu'on est sujet à quelques attaques. Je ne rentre pas dans les détails, j'en suis de toute façon moi-même incapable. Mais si un problème du genre se pose, contactez des cracks pour pas cher sur une plateforme comme Codeur et ils vous trouveront des solutions économiques.

– Le second plugin que j'ai installé s'appelle 404 to 301 et je pense que c'est une bonne idée. Si vous n'avez que quelques pages 404 qui apparaissent de temps en temps pour des raisons diverses et variées, vous pouvez vous-mêmes rediriger (redirection 301) à la main ces 404 vers des pages valables de votre site, la page d'accueil par exemple. Et de cette façon, plus de pages 404.

– Le dernier plugin que j'ai mis en place pour ce problème s'appelle « Auto Redirect 404 in 301 for Trashed Posts » qui permet à tous les articles supprimés de ne pas apparaître en 404. Ce qui n'est pas négligeable en fin de compte parce que ça arrive plus souvent qu'on ne l'imagine.

64

La longue traîne
Varier les combinaisons

Les mots-clés sont des expressions variées.

Voilà un concept qui fait du bruit et auquel on ne comprend rien. Pourtant ce n'est pas compliqué. Il faut faire varier les expressions clés dans son texte pour qu'elles correspondent au maximum de requêtes réalisées par les internautes. Sans pour autant faire perdre son âme au texte. C'est le plus difficile.

Rentrons un peu dans le détail. Lorsque les personnes cherchent quelque chose dans leur moteur de recherche préféré qui pour l'instant se nomme à 90 % Google, elles tapent des expressions diverses et variées pour une même chose. Elles sont confrontées à un « problème » et elles cherchent les mots les plus adéquats possible pour tomber sur des résultats pertinents, qui répondent à leur question.

Ces manières de chercher sont extrêmement diverses. Beaucoup plus qu'on ne le pense, chacun ayant sa manière de s'exprimer, sa façon de formuler en lien avec sa richesse lexicale et l'étendue de ses connaissances. En vérité, il existe des dizaines de façons de tomber sur votre page là où vous avez le sentiment qu'on ne cherche que d'une seule manière.

S'il y a toujours deux ou trois expressions clés qui se retrouvent dans 80 % des cas, pour les 20 % restants, vous allez trouver de très nombreuses formulations utilisées moins souvent, mais non moins pertinentes, parce que les personnes qui utilisent un langage précis pour rechercher des informations précises sont celles qui connaissent le sujet sur le bout des doigts.

Donc vous avez tout intérêt à vous poser la question de ces expressions-clés pour les glisser dans votre texte et attirer des lecteurs de qualité.

Quelques exemples

La longue traîne est un autre problème et je ne m'en suis occupé que très occasionnellement, voire pas du tout pour mon cas personnel, parce que ma thématique ne s'y prêtait pas vraiment. Mais tout de même...

*

— Dans mon cas, qui est celui de la ville d'Oran sur Memoblog, j'ai fini par tellement travailler sur cette ville que j'en connaissais presque les moindres rues et magasins, d'avant 62 et d'après. J'exagère beaucoup pour me donner de l'importance et m'amuser, mais disons qu'à partir du moment où l'on commence à connaître un sujet, on emploie de moins en moins de termes généraux et de plus en plus de termes précis. Si bien que j'ai varié au maximum le vocabulaire qui pouvait tourner autour de la ville d'Oran et qu'on se retrouve alors à faire un brin de « longue traîne » sans forcément s'en apercevoir, même si les choses sont plus subtiles que ça.

L'ennuyeux avec la longue traîne, dans mon cas, c'est que j'en perdais assez vite mon style, or c'était mon style qui me permettait d'écrire. Je ne pouvais pas m'amuser à changer toutes mes phrases pour le seul plaisir de tourner autour de toutes les expressions clés voisines de ma thématique. Il y a des limites à ce que je peux accepter pour faire plaisir à Google. Dans le cas d'un blog professionnel, il est évident qu'on se trouve dans une problématique entièrement différente et que Google doit passer avant le style.

Mais dans mon cas à moi ?

Définitivement non.

65

La balise title
Soigner son titre

La *balise title* est ce qui attire le regard.

À ne pas confondre avec le titre de l'article bien que les CMS ne s'embarrassent pas toujours de subtilités. La *balise title* est ce qui apparaît en bleu dans les pages de recherche Google. Veillez à ce que ce titre soit plus accrocheur que le titre propre de l'article, peut-être plus souple.

Donc vous avez toujours deux titres à écrire. Un titre pour le lecteur qui cherche, et un titre pour le lecteur qui arrive sur votre page. C'est un peu déroutant au premier abord, mais à la réflexion, il y a de quoi attirer immédiatement l'attention si vous jouez sur les contradictions entre les deux titres.

Peut-être vous êtes-vous parfois rendu compte que le titre sur lequel vous aviez cliqué dans Google ne correspondait pas toujours à celui sur lequel vous aviez ensuite atterri. Le titre Google était fait pour attirer le lecteur sur le site, alors que le titre sur le site est fait pour attirer le lecteur dans l'article. Le premier entre en concurrence avec les autres titres de la page Google, tandis que le second est plus détendu, n'entre en concurrence avec personne, et peut jouer sur d'autres ressorts.

Celui qui est destiné à Google (la *balise title* donc) doit être relativement court et accrocheur. Il ne s'agit pas de faire dans la finesse puisque ce titre doit répondre à des besoins très précis de vos lecteurs qui sont venus sur leur moteur de recherche parce qu'ils cherchaient justement quelque chose. Faire dans le poétique n'est pas la meilleure solution puisque le poétique cherche toujours à s'échapper du langage courant pour accéder aux origines.

La *balise title* fonctionnera à l'envers : fuir l'originalité pour accéder au langage le plus courant possible.

Quelques exemples

Ce sont des manipulations qui ne sont pas très compliquées à faire dans une plateforme comme Wordpress avec un ou deux plugins adaptés. J'ai choisi celui de Yoast comme pas mal de monde. Il a évolué, mais il reste très simple d'utilisation ; sous le texte de l'article, il est possible de voir à quoi peut ressembler le snippet dans une page Google.

– Du coup j'ai changé quelques balises title et je vais vous montrer comment, tout en sachant que je ne me mets plus la pression parce que c'est le contenu qui fait la différence au bout du compte. Mais bon. J'ai changé « Oran décembre 1967 : le transfert du monument aux morts » en « Le transfert du monument aux morts d'Oran en 1967 » afin que le « monument aux morts d'Oran » (ce n'est pas très gai, mais le sujet intéresse) puisse apparaître tout de suite et non après la date (que personne ne cherchera).

– « Les kiosques à musique autour d'Oran » a par exemple remplacé sur Google le titre original de l'article : « De la mélancolie des kiosques à musique en Oranie » qui est plus poétique, mais moins porteur. Cela dit, je ne joue pas vraiment avec les balises title parce que je n'aime pas racoler. Mais vous imaginez bien le pouvoir accrocheur qu'il est possible de construire article après article avec ce petit outil. Il faut toujours penser à cette balise si vous avez un blog professionnel.

- « La mouna d'Oran arrive de Perpignan » sur Google en balise title au lieu du titre basique qui est plus sibyllin « La Mouna Oranaise arrive tout droit de la Rambla du Vallespir » de manière à avoir plus de chance d'être un résultat pour ceux qui cherche Mouna et Oran. Et une petite incongruité accolée avec la ville de Perpignan qui doit logiquement intriguer l'internaute. Voilà comment je joue un peu (assez peu tout de même) avec la balise title.

66

Le maillage interne

Tricoter son site

Faites en sorte de construire un site cohérent.

Les *backlinks* sont plus importants que les liens internes. Mais les liens internes permettent à Google de se déplacer chez vous pour enregistrer les modifications que vous avez apportées à votre site. Faites en sorte qu'il s'y déplace facilement et puisse ainsi accéder à n'importe quelle page en moins de cinq clics. Vérifiez aussi que les pages les plus importantes reçoivent davantage de liens que les pages de base.

Google envoie des petits robots partout à la surface du Web pour photographier les sites et les enregistrer dans une base de données sur ses disques durs. C'est cette base de données qu'il présente aux lecteurs lorsque ceux-ci cherchent quelque chose. Comme vous n'avez pas forcément un site très important, le robot de Google considère que vous n'êtes pas quelqu'un d'important (ce en quoi il a tort, bien sûr) et ne reste que quelques secondes sur votre site pour l'enregistrer.

Vous saisissez tout de suite le problème : plus vous êtes logique dans la manière dont vous maillez votre site, plus les robots de Google y voient clair et circulent vite, et plus vous avez de chance d'être bien référencé sur leur moteur de recherche. La règle est simple : Les pages les plus importantes *de votre site* doivent logiquement recevoir de nombreux liens en provenance des pages les moins importantes *de votre site* qui pointent sur elles puisqu'elles sont comme des secondes pages d'accueil. Il faut que les pages moins importantes *de votre site* envoient des liens vers les pages les plus importantes *de votre site* et non l'inverse. En résumé :

Plus la page est importante *dans votre site*, plus elle doit recevoir de liens en provenance de *vos propres pages*.

Quelques exemples

Ensuite, il y a le linking, c'est-à-dire les mots-clés sur lesquels vous décidez de mettre des liens qui renvoient vers des pages bien à vous dont le contenu est censé proposer des informations pertinentes eu égard aux mots-clés choisis. C'est-à-dire que si vous parlez de la *mouna d'Oran* dans un article, vous sélectionnez l'expression, et vous renvoyez vers l'article qui est supposé en parler plus longuement et dont le titre en porte déjà la marque. C'est la logique. À construire petit à petit.

– Mais il faut vraiment essayer de construire un site dont l'architecture est la plus simple et la plus ordonnée hiérarchiquement. Les robots de Google sont des robots, c'est-à-dire des abrutis, qui obéissent à des règles avec beaucoup de zèle, comme tous les abrutis. Donc il faut leur donner à manger, ce qui n'est pas si simple que ça.

C'est une des raisons (mais pas la principale, loin de là) qui m'a poussé à créer des « homes » supplémentaires, c'est-à-dire de longues pages dans lesquelles de nombreuses expressions renvoyaient vers les articles, mais surtout, vers lesquelles tous les articles (ou un maximum d'articles et même de pages) renvoyaient. De manière à bien faire comprendre aux robots quelle était la logique hiérarchique du site que j'ai cherché à rendre le plus simple possible, ce qui est assez facile avec un blog, et déjà plus compliqué avec des sites plus fournis.

Mais ce sont aussi des choix. Même les sites fournis peuvent chercher à être le plus clair et simple possible. Dans les premiers temps, j'ai beaucoup accumulé de rubriques parallèles dans Memoblog-Oran, notamment dans ma colonne de droite, jusqu'à me dire que ça détournait le lecteur des articles.

Donc aller au plus simple, hiérarchiser son site, et créer le plus de liens internes possible. C'est tout.

67

Les réseaux sociaux

Liker son site

Tendez la joue afin qu'on puisse vous faire une petite bise.

Si vous voulez qu'on vous aime, ce n'est pas comme dans la vraie vie, il faut le crier sur tous les toits. Eh bien indiquez comment faire. En résumé, si vous désirez que des gens disent du bien de vous sur les réseaux sociaux, il faut que vous leur donniez les outils pour le faire. Offrez-leur des boutons like et poussez-les à l'action : dites « c'est là qu'il faut me faire une bise ». Sinon, ils ne le feront pas.

On en est même arrivé à un stade où il vaut mieux aller directement sur les réseaux sociaux pour créer du lien, parce que la zone commentaire des sites eux-mêmes commence à être désertée. Et c'est dommage parce que la zone faisait partie intégrante de votre site alors que les réseaux sociaux ne vous appartiennent pas. Le jour où Facebook décidera de faire le ménage, vous perdrez tous les commentaires de vos posts.

En même temps, vous pouvez peut-être en profiter pour faire vous aussi le ménage, et considérer dans ces conditions que votre zone de commentaire sera une zone de qualité pour n'accepter que des commentaires de qualité, ce qui n'est pas le propre de Facebook qui cherche d'abord la quantité. Facebook et les réseaux sociaux ne doivent vous servir qu'à établir des liens et à faire connaître votre site. Parce que leur support ne favorise pas la qualité.

Donc le travail que vous avez à faire est de tout tenter pour créer du lien entre votre site et les réseaux sociaux, en grande partie pour découvrir des personnes de qualité, puis pour faire en sorte que ces personnes interviennent sur votre site ensuite. Privilégiez la qualité sur votre site et laissez la logique de masse aux réseaux sociaux.

Quelques exemples

Avec le temps, j'ai pu me rendre compte que les gens qui intervenaient sous mes articles n'étaient pas les mêmes que ceux qui intervenaient sur Facebook, même s'il ne faut pas généraliser parce que tous les mélanges sont dans la nature. Mais le problème est que ces personnes sont rares. Tout passe désormais par Facebook et les réseaux sociaux. Mais dans ma thématique c'est Facebook. Comment s'adapter ?

– Créer des ponts entre les deux devient de plus en plus difficile parce que les gens sortent difficilement des réseaux sociaux. La plupart d'entre eux se contentent de commenter les posts Facebook sans prendre le soin d'aller lire l'article vers lequel il renvoie. Je l'ai expérimenté si souvent. Et ça ne va pas en s'améliorant. Il y a deux types de personnes : ceux qui lisent et ceux qui commentent. Avec quelques rares personnes —heureusement ! – qui font les deux. Donc il faut créer des ponts.

1 — Je me suis battu pour que les gens puissent au moins mettre des « J'aime » facilement dans l'article même, et la meilleure solution que j'ai fini par trouver est de mettre les mains dans le cambouis pour comprendre comment placer un bouton « J'aime » très exactement à l'endroit que je voulais, c'est-à-dire juste après le point final de mon article. Là, j'ai commencé à voir la différence.

2 — Grande différence aussi le jour où j'ai placé un bloc de commentaires directement relié au compte Facebook de la personne afin qu'elle n'ait rien à faire pour commenter depuis son compte Facebook. Mais il n'empêche, 90 % des commentaires se sont quand même faits directement sur la plateforme de Facebook...

3 — Et grande différence aussi le jour où j'ai intercalé dans la colonne de droite la liste des articles les plus partagés sur Facebook, comme s'il s'agissait d'un gage de qualité. Le nombre n'a jamais fait la qualité, mais il faut bien en tenir compte si l'on veut être lu.

68

Les images
Penser aux yeux

Google Images est beaucoup moins fréquenté.

Ça ne durera pas. Ne sous-estimez pas l'importance des images dans vos textes pour votre référencement. Sans rentrer dans les détails, une petite anecdote m'a permis de constater à quel point on pouvait se retrouver, le temps d'une journée, avec un trafic multiplié par dix à cause d'une simple photo publiée avec beaucoup de légèreté sur un article.

Vous devez penser à remplir la légende et la balise « alt » de toutes vos photos. La légende de la photo, tout le monde sait ce que c'est (mais pas forcément où ça se trouve), mais la balise « alt » c'est différent. Je parle pour les novices et non pour les geeks, bien évidemment. On est tous passés par le stade de la balise « alt ».

La balise « alt » permet au moteur de recherche d'avoir un descriptif rapide de la photo à afficher avant la photo elle-même qui met parfois du temps à être téléchargée par les internautes sur leurs ordinateurs. Or ce descriptif a autant d'importance que n'importe quelle autre information sur le sujet. J'ai pu m'en rendre compte, et je ne suis pas le seul.

Lorsque vous lancez une requête sur un moteur de recherche, vous obtenez une somme astronomique de réponses en termes de pages, mais déjà beaucoup moins de réponses en termes d'images, or des images vous sont proposées en guise de réponse. J'ai vu plus d'une fois apparaître les images de mon blog en faisant des recherches sur Oran alors que les pages elles-mêmes n'apparaissaient pas. C'est une source de trafic que les gens connaissent, mais n'utilisent pas suffisamment. À vous de jouer.

Quelques exemples

Je ne suis pas sûr ici qu'il y ait besoin d'argumenter pendant des heures sur le fait que Google Images est crucial dans votre référencement. Voici donc une petite anecdote qui vous ouvrira les yeux.

– J'ai commencé Memoblog-Oran en avril 2012, c'est-à-dire presque un an après l'affaire DSK qui a débuté en mai 2011. Durant l'année 2011 (ou peut-être début 2012), Anne Sinclair se sépare de DSK et en septembre 2012 (du moins est-ce là que les rumeurs commencent à surgir) se met en couple avec l'historien Pierre Nora, célèbre dans le milieu intellectuel, ponte de la collection essais chez Gallimard, mais pas vraiment connu du grand public.

Or j'avais rédigé un article rapide sur Pierre Nora (24 juin 2012) parce qu'il était passé par le lycée Lamoricière d'Oran au début des années 60. Bien sûr, j'avais posté en tête une photo de l'homme, en académicien. Et surtout, j'avais bien pris soin de mettre une description dans la balise alt : « Pierre Nora ». Rien de bien extraordinaire. Je savais en l'écrivant que cet article n'intéresserait jamais aucune personne passionnée par Oran.

Et voilà qu'un jour de septembre 2012, je prends conscience en consultant les statistiques des visiteurs de mon site qu'il y a une hausse incroyable des lecteurs pour cet article perdu au fin fond de mon blog et dont j'avais presque oublié l'existence. Je reste longtemps perplexe devant le phénomène parce que je ne comprends pas l'intérêt subit de la planète francophone pour cet article ridicule. Jusqu'à ce que je comprenne que tout le monde arrive sur mon article en tapant « Pierre Nora » dans Google Images.

En effet, tout le monde veut savoir à quoi ressemble le successeur de DSK, et pour quelques heures seulement, j'apparaîtrai en premier dans les résultats « Pierre Nora » de Google Images...

À méditer, les amis.

69

Les H1 H2 H3
Ranger ses affaires régulièrement

Faites comme à l'école, occupez-vous de mettre de l'ordre dans vos idées.

Notre ami Google regarde les balises h1, h2, h3 même si ça l'intéresse de moins en moins. La même chose que pour le gras. Il ne faut pas rêver, ce n'est pas la fin du monde si vous oubliez des h1 ou un gras, ou le début du paradis si vous y pensez tout le temps. Ça peut aider, c'est tout.

Mais c'est déjà ça parce que tout est bon à prendre et qu'une bonne organisation permet à Google - comme à tous les moteurs de recherche - de mieux circuler dans votre site et donc de mieux l'indexer (c'est-à-dire de l'enregistrer efficacement pour l'internaute). J'en ai parlé un peu plus haut dans le maillage interne (66). Ici, on est à l'échelle de l'article.

Lorsque vous écrirez un nouvel article, les robots de Google s'en apercevront à leur prochain passage et indexeront d'autant plus facilement votre texte qu'il est structuré logiquement (suivant la logique des robots, en tout cas) c'est-à-dire qu'il possède bien un titre en h1 et des intertitres en h2. Sans parler du fait que votre lecteur y gagnera en confort de lecture.

Je me suis toutefois retrouvé confronté au questionnement de tout individu qui aime l'écriture en elle-même et se voit imposer des contraintes extérieures qui bouleversent totalement la conception qu'il peut avoir d'un texte. Se retrouver à devoir tenir compte de tout un tas d'éléments techniques dans un texte modifie son style puisque la forme est impactée. Et il peut arriver qu'on balance Google par la fenêtre afin de conserver sa liberté de style.

C'est vous qui voyez selon vos objectifs.

Quelques exemples

Je ne m'en suis pas toujours occupé de manière régulière et c'est un tort parce que ça ne prend pas de temps. Même s'il est vrai que lorsqu'on est saisi par l'écriture, on ne voit que ça. Mais là, c'est une erreur, donc pensez à mettre vos h1 et h2 parce que ce n'est rien à faire.

– Quelques exemples pris dans Memoblog, comme celui de l'article « Quelques petites histoires sur les Américains à Oran » dont les trois parties sont découpées par des titres qui sont tous en h2, ou encore « Je découvre par hasard la blouza oranaise » partagé en deux. Rien de bien particulier ici, on essaie juste de faire quelque chose de clair parce que l'article s'y prête. Ce qui n'est pas toujours le cas.

– Il m'est arrivé plus souvent de m'en servir pour des articles longs qui reprenaient différentes périodes de l'histoire d'Oran et où je proposais au lecteur un voyage dans le temps. À ce moment-là, je devais couper l'article en périodes historiques, de manière à ne pas trop les perdre. C'est suffisamment compliqué tout seul. Quelques exemples dans les articles suivants : « Les métamorphoses historiques de l'église Saint-Louis » ou « De la Maison de rapport à la Posada Española » qui évoquent les différents moments d'une pension ancienne à Oran. De mon point de vue, les h2 se justifient vraiment lorsque le sujet est complexe et demande à être clairement exposé pour que le lecteur puisse avancer sans se perdre. Dans le dédale historique de la ville d'Oran, ce fut bien souvent nécessaire.

– Et puis j'ai poussé le vice jusqu'à faire du h3 dans un article que j'aime bien et qui parle davantage de ma mère que d'Oran. Mais comme c'était sa ville de naissance, on y retrouve quelques traces qui valent le coup d'être mentionnées, ne serait-ce que par leur côté fugace, discret, caché. Ils révèlent toute la difficulté à parler de cette histoire.

C'est dans l'article « Ma mère aimait Louis-Ferdinand Céline. »

70

Statistiques
Mesurer vos résultats

Comment progresser sans points de repère ?

Je ne sais pas si ça compte dans le référencement, mais c'est comme si on jouait au football sans compter les buts, et qu'à la fin on se demande qui a gagné. Il faut un minimum mesurer les effets du travail réalisé. Donc vous ouvrez un compte Google Analytics et vous vous plongez dans les chiffres, sachant que Google donne ce qu'il veut, et que les *Not Provided* sont de plus en plus nombreux... Vous avez intérêt à avoir du monde qui passe sur vos pages si vous désirez des statistiques représentatives.

Si vous n'avez pas trop de monde, il va peut-être falloir penser à d'autres solutions. Il en existe de toutes sortes, plus ou moins précises, mais vous n'êtes pas forcément un professionnel, vous avez peut-être juste besoin d'avoir une idée générale de ce qui se passe sur votre site.

Si c'est le cas et que vous utilisez Wordpress, il existe des tas de solutions relativement simples à mettre en place en termes de plugins comme WP Statistics par exemple qui va vous donner une vue globale de vos visiteurs, les pages les plus lues, les mots-clés tapés dans Google pour tomber chez vous, etc. Tout un tas d'éléments assez simples qui donnent déjà une première idée de ce qui se passe en arrière-plan.

Ensuite, pour ceux qui sont un peu plus exigeants, il y a la solution Piwik qui est une application gratuite à installer sur le nom de domaine, qui suit vraiment dans les détails tout ce qui se passe sur votre site, et permet d'en mesurer finement toute l'activité.

À connaître.

Quelques exemples

Il y a plusieurs outils pour suivre ses statistiques et je pense qu'il ne faut pas confondre les pros avec les autres. Tout dépend vraiment de ce que vous avez en tête comme objectif. Je ne suis pas sûr que pour Memoblog - mon petit blog sur Oran - l'utilisation de grands outils soit nécessaire. Un plugin statistique de Wordpress suffit bien.

– J'ai commencé par ce que tout le monde conseille parce que je n'avais pas réfléchi, et que dans ces cas-là, on écoute les gourous. Donc direction Google Analytics. Sauf que Google Analytics devient de plus en plus complexe à décoder puisque tous ceux qui naviguent en mode connecté à leur compte Google sont répertoriés dans la catégorie « Not provided » qui signifie « non fourni ». Sous prétexte de protection des données personnelles, Google ne fournit donc plus d'informations à ceux qui voudraient savoir quels mots-clés ont été tapés par les internautes connectés pour arriver chez vous... Ils préfèrent se les garder pour eux. C'est-à-dire pour Adwords...

– Donc j'ai fini par aller chercher du plus simple et je suis d'abord tombé sur un plugin Wordpress qui s'appelle « Count per day » et me donnait plein d'informations satisfaisantes. Et puis il m'a semblé qu'il n'était plus mis à jour, alors j'ai alors décidé de prendre le plus simple « WP Statistics » (puisque je n'ai pas besoin d'informations très précises et très détaillées sur mon site). J'en suis satisfait.

– Lorsque j'ai cherché à revenir à du plus précis, j'ai opté pour Piwik, qui est un script gratuit à installer sur son nom de domaine et qui permet d'avoir des statistiques extrêmement précises sur toutes sortes de choses qui ne me sont pas utiles, mais qui peuvent vraiment l'être à beaucoup de monde. C'est une application de qualité et reconnue. Elle est une bonne solution avant d'attaquer des applications beaucoup plus sophistiquées dont je ne parlerai pas ici parce qu'elles n'entrent pas dans mes compétences.

8 — CHOISIR DES ANGLES DE VUE

C'est mon dada. Je n'arrive pas à croire qu'un texte puisse être intéressant s'il ne porte par un regard particulier. Les textes objectifs existent et l'on appelle cela du journalisme — lorsque c'est bien fait — c'est-à-dire lorsqu'on donne des faits et du contexte. Je devrais dire lorsqu'on a l'obsession des faits et du contexte. Et là, c'est respect. Mais c'est de plus en plus rare sous nos latitudes.

Le blog a ceci de particulier qu'il porte un regard subjectif. Et un regard subjectif ne signifie pas « moi je pense ceci, moi je pense cela ». Tout le monde s'en fiche (ce qui ne m'empêche pas de l'avoir fait). Ça veut juste dire qu'on ne va pas regarder les faits par l'angle habituel — qui en général s'appelle « pensée unique » —, mais par un angle inhabituel, comme de suivre la vie professionnelle d'un footballeur par l'angle de la journée de sa femme, par exemple. C'est aussi bête que ça. Donc, soyez bête. C'est plus simple qu'on ne le pense.

71

La polémique
Il faut être sûr de sa chute

Un angle dangereux parce qu'il vaut mieux avoir raison.

Faire dans la polémique est la voie royale des médias aujourd'hui. Il y a le risque de beaucoup perdre, à commencer par une crédibilité difficilement acquise. Ressembler à un média racoleur n'est pas le meilleur moyen de travailler son image. Il est très rare que la polémique soit autre chose que de la pensée unique, bien que l'auteur soit souvent persuadé du contraire. Dans tous les cas, le faire avec panache, et bien choisir sa chute. En ce jeu dangereux, la forme dit tout.

Faire la guerre façon troll permet de se faire repérer, et il est vrai qu'en termes de marketing, l'essentiel est de faire parler de soi, en bien comme en mal. Mais c'est une vision à court terme. On peut en effet faire le buzz, mais sur le long terme, la qualité seule permet de durer. Se lancer dans la polémique, c'est bien souvent attaquer d'autres points de vue que le sien, pour des bénéfices qui ne sont pas bien clairs. Il est rare que l'autre camp change d'avis, et plus rare encore que les lecteurs n'aient pas déjà leur conviction forgée. De mon point de vue, c'est la facilité, et ça n'apporte rien à personne, si ce n'est un buzz éphémère (qui peut être utile, lui, mais souvent à double tranchant).

Sortir de la polémique (ou plutôt ne jamais s'y engager) c'est se tirer soi-même par les cheveux hors du lac, pour toujours regarder vers le haut. La polémique regarde vers le bas. Se tirer vers le haut, c'est se poser sans cesse la question : que puis-je apporter au lecteur qui le surprenne, lui apprenne quelque chose, le fasse sourire ? Tout le contraire de la polémique qui n'a donc d'intérêt que l'éphémère.

Avec la difficulté, derrière, de remonter la pente.

Quelques exemples

J'ai évité toute polémique parce que le milieu de l'histoire de l'Algérie est un milieu où la polémique est reine, et que le défi réside surtout dans la capacité à la contourner. Ça m'est peut-être arrivé deux ou trois fois, mais ce n'est pas mon trip. Seul intérêt : la possibilité de faire le buzz. Mais dangereux.

– Essayons de trouver quelque chose qui ressemble de près ou de loin à une polémique. Pas évident parce que lorsque je tentais un peu la polémique, je n'étais pas encore lu (peut-être était-ce d'ailleurs une des raisons qui me faisait tenter la polémique) et un article comme « Transmission de mémoire » n'a pas eu beaucoup de résonnance. En même temps, dans la communauté pied-noir, il est finalement difficile de réveiller la bête, parce que la bête a ses jouets ; et qu'elle s'en satisfait ; elle n'a pas besoin de ses enfants. En toute autarcie, elle gémit l'absence de descendance.

– Lorsque je suis revenu du colloque de Masseube session 2012, j'étais en colère parce que les plus de 50 ans étaient censés rencontrer les moins de 50 ans pour discuter... et que cette discussion-là n'a jamais eu lieu plus d'une demi-heure alors qu'elle devait être au cœur de la rencontre. J'étais assis à côté du défunt historien Daniel Lefeuvre, un grand homme, et je le voyais tellement déçu. Il n'y avait pas un seul jeune dans cette assemblée. Donc quelques articles sur Masseube légèrement polémique « Masseube 1 : La vieille dame qui ne pouvait pas parler » ou « Masseube 2 : Le vieil homme devant la salle vide. »

– Bon, et puis il y a « L'avant-propos d'Alfred Salinas » qui est un article que j'aime bien. Qui est polémique pour ceux qui connaissent le milieu, mais polémique à ma sauce à moi, donc tout de même assez transparent. Et puis je manquais encore de vrais lecteurs à cette époque-là. Mais Monsieur Salinas m'aura permis de sortir d'un certain marasme ambiant, donc je le salue ici.

72

L'introspection

Trouver le point commun

L'introspection pour son nombril est sans intérêt.

Le risque de l'introspection est « l'autisme ». Parler tout seul est la pire des choses qui puisse arriver à un article. Et il suffit de parler de soi. Comme tout le monde s'en fiche, le succès est assuré, on finira tout seul. Et pourtant, comment parler d'autre chose que de soi puisque le monde entier passe par nos yeux ? Ne traitez par l'introspection que *les sujets communs à tous*. Ils intéresseront chacun et ne seront qu'à vous.

Attention : l'introspection n'est pas la nombrilisation. On regarde à l'intérieur, certes, mais en y cherchant le point d'intersection avec l'extérieur de manière à se trouver sur une longueur d'onde commune avec le lecteur. Tant qu'on n'a pas trouvé, à l'intérieur de soi-même, le point d'intersection avec le monde extérieur, on se situe dans « l'autisme ». On joue tout seul dans son petit monde et on n'y rencontrera jamais personne d'autre que soi-même. Cela peut avoir du sens dans d'autres contextes, mais certainement pas dans celui d'un site Internet où il s'agit avant tout d'établir un lien avec son public.

Et trouver le point d'intersection avec le monde extérieur, c'est trouver son sujet. Sur un site Internet plus qu'ailleurs, il est nécessaire de se brancher sur le monde. Mais attention, si vous vous branchez sur le monde de la même manière que tout le monde, vous écrirez très exactement la même chose que tout le monde, et c'est le piège ; vous n'êtes plus dans « l'autisme », tant mieux, mais vous tombez dans l'extrême inverse : la doxa. Ce qui, sur le plan créatif, est probablement pire. Il n'y a qu'une seule solution à ce double problème :

C'est *votre subjectivité* que vous devez brancher sur le monde. Votre regard.

Quelques exemples

Je n'ai fait que ça dans Memoblog, de l'introspection, mais à travers un sujet commun. Je pourrais y mettre tous les articles, parce que chacun d'entre eux regarde vers l'intérieur... et pourtant. À aucun moment ce regard ne lâche l'extérieur. Aucun nombrilisme sauf par-ci par-là quelques articles ratés parce que je suis comme tout le monde. À quoi peut bien ressembler un article introspectif typique dans mon cas ?

– *Peut-être celui qui renvoie à la cité dans laquelle j'ai grandi dans mon enfance. Il y avait les mêmes ascenseurs dans les cités d'Oran, 20 ans plus tôt. La ville était en avance sur le plan architectural. Se promener du côté de « Imaginer la Cité La Fontaine à Oran » pour en savoir davantage ; il y a un peu d'introspection qui se reflète dans la visite à la cité La Fontaine de trois de ses enfants.*

– *Pas bien loin de chez moi se trouve une statue emblématique de la ville d'Oran, puisqu'elle s'élevait au sommet de l'obélisque de la place d'armes. « Quelques mots sur la statue de Périssac. » Elle a été rapatriée dans les années 60 à Perissac, près de Bordeaux, et j'ai mis du temps à oser aller la voir. Pas mal d'émotion à son contact, et donc un peu d'introspection.*

– *Un article que j'aime beaucoup parce qu'il est lié à un mail important et à la découverte de la branche mystérieuse des Souleyre. « Les belles choses sauvent parfois de la tourmente. » Mais il est en quelque sorte un mauvais exemple et c'est sûrement la raison pour laquelle je le glisse ici. Trop personnel. Mais disons qu'au bout de six mois d'écriture, je pouvais bien me permettre ce genre d'articles. En revanche, tous les jours, ce n'est pas possible. Les lecteurs ne s'attachent qu'à ce dans quoi ils peuvent se projeter, donc toujours chercher l'espace commun. Dans cet article, il n'y en a pas.*

– *Le pire dans le genre est probablement « La douceur avant tout. » Terriblement personnel. Secret.*

73

La contradiction

Révéler les points qui choquent

Trouver les termes contradictoires qui frappent l'esprit.

L'esprit déteste les contradictions. Rien n'est plus choquant pour l'esprit qu'une idée qui se présente sous deux aspects contraires. Tourner à la fois à gauche et à droite est une idée choquante. Ce genre d'idées est plus courant qu'il n'y parait si l'on commence à y prêter attention. Relever les contradictions et les mettre en évidence dans un texte est forcément attractif pour le lecteur. Mais il faut savoir s'en sortir.

La contradiction est à la base de toute philosophie et plus généralement de toute pensée. Ce sont des contradictions que devons surmonter. Elles sont parfois factices (sophisme), mais elles sont là et constituent un scandale pour la pensée. Profiter de ce scandale pour attirer le lecteur dans une pensée est toujours une bonne idée. L'esprit ne peut faire autrement qu'être attiré par l'illogique.

Il peut aussi s'agir d'humour, de contradiction apparente, de double sens, de jeu d'esprit, tout est possible. Le but ici n'est pas de faire de la philosophie - c'est-à-dire de pousser dans ses retranchements une contradiction pour la scruter dans ses moindres détails - le but est de profiter du pouvoir d'attraction de toute contradiction pour en faire le cœur d'un article, ou plus simplement, son point de départ.

Dans l'idéal, la contradiction est au cœur de l'article et l'auteur avance pour tenter de la résoudre. Tout ceci pouvant se faire, dans le cadre d'un article de blog ou de site Internet, de manière légère et sans pression, juste pour attirer le lecteur dans un labyrinthe d'idées à traverser.

Tous les moyens sont bons pour saisir l'esprit du lecteur, et la contradiction est le plus noble d'entre eux.

Quelques exemples

C'est de loin le genre d'article le plus difficile à écrire et je ne l'ai pas souvent fait. Mais je l'ai au moins tenté une fois de manière typique, et en vidéo, ce qui vous permettra de comprendre de quoi il retourne dans ce genre de jeu.

– Je vous conseille d'aller faire un tour sur l'article intitulé « La vieille mosquée du Bey d'Oran », de lire le court texte d'introduction, puis de filer sur la vidéo qui se trouve en fin d'article. Ne vous fixez pas trop sur la forme qui vaut ce qu'elle vaut (c'était l'une des premières fois que je me lançais dans ce genre d'expérience) et soyez attentif à la manière d'avancer. Il y a une contradiction originelle et l'objectif de l'article est d'avancer pour tenter de surmonter cette contradiction. À la fin, le lecteur aura parcouru le cheminement de votre pensée et n'aura pas pu décrocher une seconde puisque vous lui avez d'emblée imprimé dans la tête une contradiction insupportable. Il exige la solution avant de repartir naviguer sous d'autres cieux.

– Après, il y a des choses plus simples à mettre en place comme cet article « Le cercle militaire a disparu » qui commence par expliquer qu'il y a un problème quelque part et que vous ne le comprenez pas, puis qui donne la solution, puis qui explique comment vous avez fait le chemin du problème à la solution. Si vous réfléchissez deux secondes, c'est un peu la même logique que dans l'exemple précédent, mais vous avez donné la réponse d'emblée et vous expliquez le chemin ensuite. C'est ce qu'Hitchcock appelait le suspens : on dit « voilà le crime, et voilà qui l'a commis. Question : comment l'assassin va-t-il finir par être découvert ? Et non plus qui est l'assassin ?)

Donc à vous de choisir : soit vous créez de la surprise et vous menez complètement le lecteur par le bout du nez, soit vous créez du suspens, et vous le maintenez en permanence dans le questionnement.

74

La transmission

Trouver ceux qui savent voir

La transmission dépend pour une grande part de ceux qui ont quelque chose à dire.

Transmettre n'est pas simple. Peu de gens savent exprimer clairement leurs sentiments. La plupart du temps, il faut fouiller pour trouver une sensibilité qui montre de la nuance, seul gage de vérité. Les vérités univoques ne permettent pas de transmission. Quand on trouve des personnes capables de sensibilité, il faut absolument les faire parler, et leur permettre de nous transmettre un peu de leur regard.

Trouver quelqu'un qui a quelque chose à dire n'est pas le plus difficile. Tout le monde a quelque chose à dire. Malheureusement, peu savent les exprimer suffisamment bien pour que la pensée prenne forme et puisse être déposée sur une page blanche. La plupart du temps, on se trouve bloqué devant des bribes impossibles à retranscrire.

Il faut toutefois se rendre à l'évidence, tout le monde n'est pas capable de rendre ce trésor accessible. Seules les personnes qui ont le don de la narration (et je ne parle pas d'écriture, mais seulement de parole, comme la capacité de raconter des histoires drôles) sont capables de faire passer un mouvement intérieur.

Votre travail à vous est d'exercer votre œil pour distinguer ces personnes des autres et leur donner la parole sur votre site. Leur faire toute la place qu'elles méritent. Tourner votre article autour d'elles, les mettre en valeur au maximum. Ce sont ces personnes qui feront la richesse de votre texte. Il n'y a pas à chercher ailleurs, vous tenez un trésor, à vous de trouver la façon de le mettre en valeur pour satisfaire l'intelligence de votre lecteur.

Quelques exemples

Je prendrai quelques cas de personnes qui ont été importantes pour moi et qui ont toujours cherché à transmettre leur connaissance de la ville, de manière simple, selon leur feeling à elles.

– *Le premier exemple est celui de l'article « Les étranges photos parallèles d'Abdelbaki Fellouah » qui est tiré du travail d'un amoureux de la ville d'Oran qui a régulièrement lu mon blog et m'a permis de très vite progresser dans mon appréhension de la ville. Il aura photographié les lieux où habitait toute ma famille, et m'aura permis de les visiter en avril 2014, lors de mon voyage en Algérie. Son travail est passionnant : il s'est longtemps amusé à faire ce que j'ai appelé avec le temps « les photos parallèles » c'est-à-dire une reprise d'anciennes cartes postales mises en comparaison avec les situations actuelles. Lorsqu'on se rend compte qu'il y a comme ça un travail intéressant, il faut savoir s'effacer et le mettre en valeur.*

– *J'ai fait la même chose pour un jeune photographe algérien au talent fou et déjà relativement connu : Ramzy Bensaadi. L'article se trouve sous ce titre « Ramzy Bensaadi regarde Oran » et je ne peux que conseiller d'aller y faire un tour si vous voulez partir à la rencontre d'un véritable artiste de la photographie. Aujourd'hui, chacun fait de la photographie et s'autoproclame artiste en deux temps trois mouvements. Ici, vous allez voir la différence. Un travail comme celui-ci se doit d'être mis en valeur et vous devez vous effacer. Votre site n'en aura que plus de valeur.*

– *Je l'ai aussi fait avec le film d'une personne qui est retournée dans sa ville natale et en a ensuite tourné un documentaire profond diffusé sur France3 « Evelyne Jousset Garcia : un retour à Oran. » Là encore, tout est fait pour mettre en valeur l'œuvre de la personne, et même si je parle de moi pour conserver mon regard subjectif, c'est vers le film que tend l'article.*

75

L'Histoire
Lier la petite histoire avec la Grande

La Grande Histoire est pour les livres et la petite pour notre site.

Le travail de l'historien est beaucoup trop respectable pour commencer à faire n'importe quoi. Mais il a aussi un côté ennuyeux que ne portent pas les petits textes. Seules les petites histoires conviennent aux petits textes. Mais les petites histoires toutes seules ne riment à rien non plus. Il faut chercher le petit bout de la petite histoire qui peut se lier au plus grand bout de la grande Histoire. Et c'est dans l'entre-deux que se situe l'angle de vue.

J'ai une trop grande admiration pour la rigueur du travail historique qui m'empêche moi-même de me prendre pour un historien. Ces choses-là sont trop sérieuses et pour moi trop difficiles. Je ne suis pas fait pour elles. Donc il ne sera pas ici question d'Histoire avec un grand H, mais de petite histoire avec un petit h, et peut-être, de ce qui se situe entre les deux puisque j'ai une affection particulière pour l'entre-deux.

On trouve parfois de merveilleux hasards qui donnent à la grande Histoire de quoi se refléter dans la petite et inversement. Il ne faut pas chercher ces hasards-là, mais les laisser venir, parce qu'ils ne se donnent que de cette façon. Lorsqu'ils apparaissent, en revanche, il ne faut pas les laisser s'enfuir, c'est un cadeau du ciel.

Donc lui accorder toute la place qu'il mérite dans un article ou ailleurs. Il n'y a pas de règle. Commencer par la grande Histoire ou par la petite, peu importe, mais les relier l'une à l'autre, et les regarder se répondre dans un clin d'œil.

Puis faire un bel article dont le cœur s'agite dans le choc entre les extrêmes de l'histoire.

Quelques exemples

Comme Memoblog s'y prêtait, j'ai écrit quelques articles qui mélangeaient la grande histoire et la petite, parce que le mélange est toujours un plaisir et qu'il ne faut pas s'en priver.

– L'un de mes petits articles préférés joue très clairement sur la grande et la petite histoire puisqu'il permet de confronter le débarquement américain à Oran avec l'histoire familiale. Il y aurait presque de quoi s'amuser si l'anecdote familiale n'était pas aussi dramatique. « Quelques petites histoires sur les Américains à Oran. » Il n'empêche, dans la mesure du possible, jouez à croiser les histoires entre elles. C'est toujours un bonheur de lecture.

– Il y a aussi la possibilité de suivre un objet ou un élément plus imposant dont la petite histoire reflète bien la grande. J'ai en tête l'article « Le cas étrange de la porte du caravansérail » qui retrace l'histoire d'un caravansérail qui n'a pas eu beaucoup le temps de servir de caravansérail, dont il va rester malgré tout quelques traces jusqu'à aujourd'hui, et qui aura été sujet aux vicissitudes de l'Histoire, la grande cette fois-ci.

– Ou alors il y a l'exemple d'Édouard Herriot, « Edouard Herriot entre Lyon et Oran », longtemps maire de Lyon dans la première moitié du XXe siècle, dont les parents étaient enterrés à Oran, ville jumelée avec l'ancienne capitale de la Gaule. On y découvre beaucoup de relations entre les deux villes (et les deux maires) et la petite histoire (du rapatriement des parents d'Edouard Herriot par exemple) croise régulièrement la grande Histoire.

– Ou pour finir, le cas très spécial d'une ville de la province de Salta, en Argentine, qui porte le nom étonnant de « San Ramón de la Nueva Orán » tout simplement parce qu'un soldat (Ramon Garcia de Leon y Pizarro) apprit que sa ville natale tenue par les Espagnols venait d'être reprise par les Ottomans (1792).

76

Le souvenir d'enfance
Offrir une nourriture pour l'éternité

Le souvenir d'enfance est une madeleine qu'il faut manger délicatement.

Un souvenir d'enfance est un trésor. Il faut en prendre soin. Ne pas l'utiliser à tort et à travers et distinguer le vrai du faux. Comme en toute chose. Le vrai est rare ; le faux, légion. Le vrai se reconnait par ses frissons. Le faux par une indifférence de carte postale. La carte postale est belle. Le souvenir tremblant. Laissez les cartes postales et délivrez le trouble du souvenir. En matière de souvenir, il n'y a que l'émotion qui vaille.

On a vite fait de trahir le souvenir d'enfance en ne le reconnaissant pas. Le point de vue de l'enfance est le plus beau qui soit, non parce que l'enfance serait un paradis terrestre (c'est une idiotie, l'enfance est un questionnement permanent, et parfois même un questionnement insupportable), mais parce que le souvenir d'une première perception du monde y est enfoui et conservé, en secret. Retrouver cet œil-là est assurément un long chemin.

Mais lorsque par le plus grand des hasards, on tombe sur un morceau de ce regard perdu au détour d'une phrase ou d'une image, il ne faut surtout pas hésiter à chausser les lunettes et à regarder de nouveau le monde pour le faire partager. Comme les regards d'enfants sont tous voisins, vous ramènerez chacun dans son premier pays, et vos lecteurs vous béniront. L'angle de vue de l'enfance est un cadeau. Mais il faut être capable de le repérer. On a parfois oublié de regarder comme un enfant, et tout passe à la trappe. Il est possible que ce dont je parle ici ne résonne pas chez bon nombre d'entre vous qui êtes toujours adulte, mais les autres auront compris.

Lorsque le miracle surgit, ne pas hésiter à illuminer son texte.

Quelques exemples

Je n'ai pas abusé des souvenirs d'enfance même si j'aurais pu. Il faut malgré tout faire attention. Ils nous sont tellement personnels qu'ils n'intéressent souvent que nous. Donc à petite dose.

– Le premier souvenir qui me vient à l'esprit parce qu'il aura joué le rôle de la madeleine de Proust est celui des portes d'ascenseur de la cité La Fontaine à Oran : « Imaginer la Cité La Fontaine à Oran. » Dès leur apparition au détour d'une photo banale, je me suis retrouvé projeté 40 ans plus tôt, dans ma cité à Pau, avec les mêmes portes d'ascenseur. Ne pas trop en faire, mais tenter de raconter ce mouvement peut être intéressant.

– Et puis il y a le souvenir qui tout d'un coup permet de comprendre quelque chose. C'est ce qui s'est passé pour moi lorsque je suis tombé sur une photo du quartier du moulin à vent à Perpignan, quartier de mes grands-parents. Dès que je l'ai vu, j'ai compris qu'il s'agissait d'un ersatz d'Algérie. Une évidence maintenant, mais il aura fallu le passage par Google Street View pour que l'image d'enfance prenne un autre sens. Voire tout son sens.

– Il y a aussi le tableau qui existait chez mon grand-père et que j'ai très souvent vu enfant lorsque j'allais chez lui à Perpignan justement. Un tableau qui représentait trois palmiers sur une place. Un tableau qui n'avait pas de place particulière dans ma mémoire... avant que je ne retrouve ces trois palmiers sur des photos anciennes d'Oran et que je comprenne que j'avais sous les yeux la place Kleber.

– Et pour finir, le souvenir très personnel de « La vitre brisée » à lire sur mon site (qui relate le voyage de dix jours que j'ai fait à Oran en avril 2014) qui relate l'attitude étrange de ma mère à la suite de l'explosion d'une baie vitrée en bas de notre cité. Certains souvenirs remontent et prennent une autre teinte à la lumière d'un nouveau contexte explicatif.

77

L'insolite

Partager le plaisir des petites choses

Les petites choses en décalage sont des merveilles surnaturelles.

Il faut apprendre à regarder les bas-côtés. Les petites choses attendent qu'on les distingue du morne quotidien pour les mettre en valeur. C'est un sens interdit de Citroën ou de la neige sur des capuches, c'est une photographie dont le lointain dévoile une Vierge tournée dans l'autre sens. Les petites choses détournent la vue des habitudes et nous obligent à regarder. Il faut les proclamer.

Beaucoup d'entre elles ont à voir avec les souvenirs d'enfance. Dans les deux cas, il faut changer de regard et focaliser sur le détail. Lorsqu'on est enfant, ce sont les détails qui frappent l'attention, puisqu'on ne comprend pas la bienséance ou les règles sociales. On entend des expressions qu'on ne comprend pas, on suit du regard des gestes dont on ne connaît pas les codes, on s'étonne de ce qui n'étonne plus l'adulte depuis longtemps.

L'insolite est la petite chose qui demande de déplacer son attention vers un élément du cadre qui fait contraste avec le sujet attendu du tableau. En l'occurrence ici, un article. Vous avez choisi un sujet, mais vous avez remarqué la petite chose qui sort de la pensée unique de votre thématique, et vous allez vous mettre à évoquer votre sujet par le biais de cette petite chose tout à fait hors du commun. Les lecteurs aiment être désorientés de cette manière, surtout s'ils ont l'habitude de votre thématique et rien n'est plus agréable à l'esprit que d'être surpris en plein ronron habituel.

Le ronron est agréable (il faut savoir l'installer), mais la stupéfaction est une cerise.

Quelques exemples

Un cas qui n'est pas tout à fait exemplaire est probablement celui de la neige puisqu'il transforme entièrement le paysage habituel. Mais le véritable insolite est l'élément en décalage au sein d'un cadre habituel.

– Il ne neige pas souvent à Oran, si bien que les photos sont rares. Lorsqu'on en trouve, le paysage est tellement transformé par la blancheur qu'il est impossible de laisser passer l'occasion d'en parler. « À Oran, il neige tous les 20 ans. » Avec des photos et quelques voitures anciennes. L'insolite est double ici : la neige, bien sûr, mais surtout un panneau sens interdit Citroën comme il n'en existe plus.

– Du côté de Mers el-Kébir non plus, il ne neige pas beaucoup, mais il arrive parfois qu'il tombe quelques obus, comme lors de la célèbre attaque du 3 juillet 1940 par la flotte anglaise. « Mers el-Kébir tragique ». Il faut voir la très belle photo d'un navire de la flotte française en train de couler pour se rendre compte de la violence de ce genre d'événement. Et remarquer, tout au loin, la silhouette insolite de la Vierge de Santa Cruz qui tourne le dos à la scène. Les soldats furent abandonnés de tous.

– Je suis un jour tombé sur une très ancienne carte postale du quartier de Gambetta à Oran. Particularité : une tour Eiffel miniature (mais pas minuscule du tout) dans un jardin. Renseignements pris, il s'agissait du jardin d'un boulanger. Insolite qui permet de comprendre à quel point Paris était dans la tête de tout le monde en Algérie, depuis les tous débuts de la colonisation au XIXe siècle.

– Et puis un dernier article au service absolu de l'insolite (mais le texte n'est pas bon. Je m'y prendrais autrement aujourd'hui) « La panthère noire et le chercheur d'or » dans lequel il est question d'une panthère échappée d'un cirque et d'une fausse rumeur de mine d'or qui met le feu aux poudres dans la ville.

78

La découverte

Retrouver la joie d'ouvrir un cadeau

Découvrir un nouvel objet pour faire plaisir à son lecteur.

Ou se rappeler son propre plaisir. Dans tous les cas, présenter la découverte qui a changé votre regard. Et qui changera peut-être celui de votre lecteur pour peu que vous sachiez la présenter comme une découverte. Rappelez-vous Noël, c'est la même chose. Vous montrez d'abord le sapin, les boules, et les guirlandes. Puis vous comptez le nombre de cadeaux. Vous défaites les ficelles. Vous ouvrez lentement.

Toujours l'enfance, déclinée sous toutes ses facettes, ici celle du cadeau de noël déniché dessous le sapin. Le nombre de personnes qui ne croient plus au père Noël est démesuré et je n'ai jamais compris pourquoi. Parce que ce sont les parents qui font les cadeaux ? La magie disparait et c'était juste pour faire plaisir aux enfants ? On ne voulait pas leur apprendre qu'il existe des choses merveilleuses et cachées dans le monde ? Les gens ne sont donc pas capables de transposer l'expérience magique à la vie courante pour tenter de retrouver l'origine ?

Faites le père Noël sur votre site et, vous aussi, jouez à l'enfant. Montrer ce qu'est un sapin de Noël, montrez ce que sont des cadeaux qui tombent du ciel, montrez la joie du petit enfant qui ouvre ses cadeaux et découvre le monde réalisé de ses rêves. Si vous voyez passer quelques petites pépites brillantes (mais il faut être devenu sensible aux petites pépites brillantes...), faites un joli article et glissez-y votre trésor en annonçant que cette nuit est la belle nuit de Noël.

Il se présente toujours des petites choses inattendues et merveilleuses à vous. Ne vous précipitez pas pour les offrir. Attendez le bon moment.

Quelques exemples

Ce sont souvent des petites choses de rien du tout comme un escargot sur la route qui éclaire l'Histoire, ou le cheminement d'une dame à la robe multicolore dans les rues du quartier de la Marine. Des moments d'illumination qu'on essaie de faire passer pour tenter d'illuminer à son tour le lecteur.

– *L'escargot de Mers el-Kébir est un virage serré juste à côté du fort du même nom. « L'escargot de Mers el-Kebir et les dénominations fantômes. » Seulement, je ne lui avais jamais trouvé l'allure d'un escargot... jusqu'à ce que je regarde du côté de Google Earth. Et là, j'ai vu depuis le ciel la trace du véritable escargot, c'est-à-dire de l'ancienne route qui avait été modifiée. Celle-ci, en effet, pouvait être qualifiée d'escargot. Double virage très serré. Le nom avait gardé l'empreinte du XIXe siècle. Illumination subite et joie de l'intelligence. J'adore les traces subtiles du passé.*

– Une dame pour qui j'ai gardé une grande affection (bien que je ne la connaisse pas et qu'elle soit décédée en 2015) « La dame de la rue Landini » dont le temps m'a permis de découvrir d'autres photographies. Des tas d'indices permettent de se pencher à la fois sur l'époque et sur les lieux (le quartier de la Marine), on avance pas à pas, et la participation des lecteurs est un bonheur.

– La surprise aussi de découvrir subitement que la Vierge de Santa Cruz à Oran n'est pas une statue originale, mais la réplique de la Vierge de la Basilique de Fourvière à Lyon. « Notre Dame de Santa Cruz se trouve aussi à Fourvière. » Et la découverte peu à peu des nombreuses relations qu'entretiennent les deux villes, aussi bien à travers Edouard Herriot par exemple qu'à travers ma propre histoire familiale. Comme si l'une était le miroir de l'autre.

– Ou encore la découverte du musée Nessler « Le chat noir du musée Nessler » désormais disparu qui ressemblait à une maison pompéienne. Merveilleuse folie hantée par un petit chat noir.

79

L'étonnement

Apprendre à être surpris par le quotidien

La chose la plus évidente pose soudain question.

Il n'y avait rien jusque-là et voici que le regard se pose sur le détail d'un objet, d'une trace, d'une forme, qui était là depuis toujours, sans intérêt. Montrer l'importance que peuvent soudain prendre les choses les moins intéressantes. Ouvrez les yeux de votre lecteur sur ce qui n'a pas d'intérêt pour lui, et n'en avait aucun pour vous jusqu'ici. Faites surgir la question : pourquoi ne l'ai-je pas vu plus tôt alors que c'était là ?

C'est ce regard qu'il faut retrouver lorsqu'on se met en tête d'écrire pour un blog : pointer du doigt les petites choses que plus personne ne regarde puisque tout le monde les voit ; être capable de se défaire d'un regard quotidien pour pointer du doigt un nez logé au milieu de la figure. L'insolite n'est pas toujours l'élément exceptionnel de bizarrerie au milieu de la normalité, c'est bien souvent la normalité elle-même à ce point intégrée qu'on n'en perçoit plus les bizarreries qui sont à la source du véritable étonnement.

C'est un regard à retrouver qui demande un peu d'entrainement, de détachement, et qui permet d'agrémenter un texte de manière subtile. Je n'ai jamais éprouvé autant de plaisir que les fois où j'ai pu pointer du doigt des étrangetés quotidiennes. J'ai eu le sentiment de faire mon devoir : montrer au lecteur ce qu'il voyait déjà sans y prêter attention.

Et Dieu sait qu'il existe de nombreux cas dans lesquels la situation se présente et se représente. À vrai dire, peu de gens s'étonnent de leur quotidien. La plupart pensent le connaître. C'est probablement l'erreur la plus commune au monde.

Donc vous qui écrivez, montrez le monde tel qu'il va.

Quelques exemples

C'est presque une philosophie chez moi : accéder aux grandes choses invisibles par l'entremise des petites, sous mon nez, et dont je ne me suis encore jamais étonné. Évidemment, sur un site, il vaut mieux éviter de faire l'idiot (parce que l'étonnement du banal n'est pas à la mode), donc trouver l'entre-deux. Règle éternelle.

– C'est le plus souvent par les œuvres d'art qu'on arrive à éduquer son regard. Si je prends le cas de Charles Brouty, merveilleux dessinateur, je vois que le détail banal compte énormément chez lui. Je vous conseille d'aller faire un tour sur Google. Vous ne serez pas déçu. J'en ai parlé plusieurs fois, mais disons que dans l'article « Ce que la nuit doit à Brouty » je prends par exemple conscience de la manière dont Brouty joue avec les fantômes. À voir en fin de texte.

– Ailleurs, j'essaie de faire passer l'idée que les cartes postales sont autre chose que des images et du texte. Dans « Ce dessin est de la main du Docteur Thomas Ghast », elles montrent que les cartes postales, si l'on y prête sérieusement attention, recèlent des trésors et qu'il faut, pour les apercevoir, sortir de l'idée préconçue que l'on peut avoir de la carte postale.

– Il arrive que la rue elle-même possède des petits bijoux que les habitants eux-mêmes ne perçoivent plus puisqu'ils font partie de leur quotidien. C'est le cas par exemple du « Mausolée de Saint-Remy » posé sur un trottoir, à Oran. En vérité, il n'a pas bougé de place depuis son édification et personne n'ose le déranger. Il est là, fondu dans le décor, et il faut être un étranger peu habitué à ces traditions pour s'en trouver étonné.

– Ensuite, lorsque le regard s'aiguise, on commence à être plus attentif aux détails « Petites choses relevées sur la promenade Ibn Badis ex. Létang » et c'est la porte qui s'ouvre sur l'autre monde. Tout prend subitement du relief.

80

L'admiration

Expliquer ce qui vous fait vibrer

Certaines choses sont magiques et transportent ailleurs.

Montrer le feu qui vous anime lorsque vous découvrez certaines personnes, certains lieux, certains objets. L'admiration, si elle est sincère, est contagieuse. Le lecteur percevra votre flamme et s'enflammera lui-même. Du moins peut-on l'espérer. Mais si vous suivez quelques conseils d'écriture, tout se passera bien...

Admirer n'est pas forcément très compliqué, encore faut-il s'apercevoir que l'on est en train d'admirer. C'est toujours la même chose, les années passant, l'esprit d'enfance disparait et la capacité d'admiration s'enfuit : on finit par trouver admirables des choses qui ne le sont pas, mais qui ont été matraquées comme admirables, principalement pour des raisons marketing, tandis que des tas de petites choses (et de merveilleuses personnes) se trouvent relégués au placard.

Quand on a la chance comme moi de tomber sur un sujet qui n'intéresse plus personne depuis longtemps (Oran avant 62) on n'est plus tellement sujet au matraquage et on retrouve l'esprit vierge de l'enfance. Tout devient merveilleux même si la période est trouble. Face à de la nouveauté absolue, le moindre cours d'eau qui passe entre deux quartiers nous confond. On entre dans un état second, et d'autant plus si ce nouvel univers résonne avec notre propre histoire.

Il ne faut surtout pas garder pour soi son émerveillement et ses admirations. Ce serait du bonheur perdu. Des tas de gens sont prêts à s'émerveiller aussi pour peu qu'on leur montre de manière un peu subtile où se trouvent les choses merveilleuses et les personnes hors du commun.

En un mot : nourrissez le lecteur de belles choses.

Quelques exemples

Qu'y a-t-il de plus beau que l'admiration ? Reconnaissance du talent ou de la beauté. On se trouve devant l'évidence et on jouit d'un privilège qui n'est pas donné à tout le monde.

– Par exemple, tomber sur un auteur qui a du talent. Tout le monde en a plus ou moins fait l'expérience. Subitement, voici un texte merveilleux. Chacun ses goûts, les miens vont vers la limpidité. J'aime les styles translucides et brillants. « Jeanne Cheula décrit l'Algérie Heureuse. » L'Algérie heureuse *est une expression bien sûr. Ce n'est pas ici le lieu d'en débattre. Mais pour qui veut tenter de saisir quelque chose d'une période disparue dans les tréfonds de l'Histoire, ce livre est une merveille. La puissance du style donne accès d'une manière brillante à un monde englouti. Rare.*

– Une admiration aussi pour ce petit film réalisé par un instituteur : « École Delmonte : le film de l'instituteur François Salvador. » Et le plaisir de le regarder plusieurs fois de suite pour tenter de saisir quelque chose de l'époque... et surtout de la fin d'une époque. Il y a dans ces images innocentes quelque chose comme le sentiment d'un drame en suspension, mais pas tout à fait non plus. J'admire pour toujours.

– Une admiration encore pour des photos d'Oran vues du ciel et datant de 1963, retrouvées tardivement, puis mise en ligne sur le site Oran des années 50. *« Les belles photos de l'Adjudant Aviateur Jean Bonnemaison. » On y découvre une ville intacte et dont le sol est incroyablement rouge. C'est là que j'ai compris le sens du quartier « el-Hamri » qui signifie « terre rouge ». On y perçoit aussi un aviateur sous le charme de la ville et qui s'étourdit de clichés aériens.*

– Et pour finir, un nota bene en fin d'article « Quelques considérations sur Carlos Galiana et la mémoire oranaise » que je relis parfois tant il est vrai qu'en quelques mots, Carlos Galliana a su saisir l'éternelle quête pied-noir de la reconnaissance mémorielle.

9 — LE STYLE EST UNE MORALE

Phrase bien connue qui signale qu'on écrit comme on pense. Et si l'on ne pense pas, alors on n'écrit pas. Dans le sens où ce qu'on écrit est dépourvu de forme si la pensée d'une écriture n'existe pas. Réfléchir à ce qu'on veut faire d'une phrase, c'est déjà comprendre que la phrase reflète une pensée. Un texte qui ne prend pas en compte la forme d'une phrase avoue à son lecteur qu'elle en ignore le sens et qu'elle a décidé de ne pas faire de choix.

À partir du moment où les mots acquièrent de l'importance, il faut choisir, et dès qu'il faut choisir, il y a morale : qu'est-ce qui est bien ? Qu'est-ce qui l'est moins ? Que dois-je mettre en valeur ? Que dois-je laisser ? Se poser des questions et tenter de trouver des réponses. Ce que vous allez lire dessous n'est guère que ma morale, qui vaut ce qu'elle vaut, mais qui a le mérite d'être claire, puisqu'elle a su trouver ses mots. À vous d'en faire autant.

81

Trouver le ton général du site

Il est à la base de tout le reste

Ne commencez pas sans tonalité.

Parce qu'il faut avoir la tonalité générale pour être capable de choisir les mots d'une phrase, les photos d'un article, et les objets à laisser de côté. C'est à partir de la tonalité d'origine que s'opèrent les choix d'un article. Il faut savoir sur quelle ligne se placer. Serez-vous gentil, méchant, doux, élégant, violent, classe, moralisateur, drôle, enfantin, ou joyeux ?

Tout est possible, et c'est cet infini des possibles qui rend la tâche complexe. Comment se positionner ? La plupart des gens ne se positionnent pas et se noient dans la masse des écrits qui se positionnent au milieu de nulle part, dans ce qu'on appelle la *doxa*, ce mélange constitué de la pensée moyenne du monde qui essaie de nous faire croire qu'il pense.

Séparez-vous de cette pensée moyenne et commencez par éprouver votre solitude. Le point de départ se trouve là. Posez-vous la question de votre place dans la thématique que vous avez choisie. Que cherchez-vous ? Où avez-vous envie d'aller ? Quel est votre désir ? Le mot est lâché. Il faut apprendre à écouter son désir si vous voulez le suivre. Là, vous êtes sûr de ne plus ressembler qu'à vous-même, même si les pièges sont nombreux.

La tonalité se mettra en place d'elle-même si vous reconnaissez votre désir, c'est-à-dire si vous savez quelle est votre direction, ce que vous voulez faire avec votre site. Dans ces conditions, vous saurez rapidement de quelle manière vous adresser à vos lecteurs.

Vous allez très vite sentir si vous voulez être gentil, méchant, doux, élégant, violent, classe, moralisateur, drôle, enfantin, ou joyeux.

Quelques exemples

Un blog est tellement mouvant que son évolution dans le temps est inévitable. Et c'est bien pour cette raison qu'il vous faut tenir une tonalité générale avant de vous lancer. Sans cette tonalité, vous courrez à l'échec.

– J'ai mis quelques mois à tourner et retourner dans ma tête le blog sur Oran parce que « je ne le sentais pas. » Je n'arrivais pas à voir comment l'aborder. Je tenais la thématique, mais pas la tonalité. Puis j'ai fini par trouver et j'ai écrit les cinq premiers articles en une après-midi. Je savais que je tenais le bon bout.

– Tout est déjà là dans « La koubba du Marabout d'Oran » par exemple. « Tout » c'est-à-dire quoi ? Une intervention très nette de l'auteur dans le texte. C'est un jeu personnel que j'ai toujours aimé. Mais autour d'informations historiques solides et bien présentes, qui forment le cœur du texte. Mon petit avis personnel ne doit pas être le cœur de l'article. Quoi encore ? Le questionnement clairement visible et la recherche en marche. J'en parlerai plus loin. La naïveté feinte.

– Ensuite il y aura de la diversité, mais toujours le positionnement de l'enfant de Pieds-Noirs qui cherche à accéder à ses origines et montre son questionnement. Il était hors de question pour moi de me positionner en pseudo-spécialiste d'Oran, alors que j'avais tout à découvrir. Et je voulais montrer cette découverte en train de se faire.

– Autre positionnement, la volonté d'interpeler tout le monde pour demander une participation. « À Oran, l'hôpital Baudens ne se porte pas très bien. » Mais pas forcément par des commentaires Facebook. Non, interpeler pour poser plus généralement des questions et demander de l'aide. Parfois la polémique. Mais ce ne sont pas mes goûts. Plus souvent des renseignements. Des rencontres aussi. De tous les côtés, algériens, français, pieds-noirs. Un mélange explosif à manier avec beaucoup de délicatesse. Je voulais passer entre les gouttes. J'ai fini par y arriver.

82

Fluidifier la phrase

Ajouter et enlever des mots

La phrase doit couler comme un fleuve et tout emporter avec elle.

Il faut se mettre à l'écoute du rythme de la phrase et décider d'enlever ou rajouter des mots. Pour cela, lire à haute voix, et écouter comment les mots interagissent. Commencer par des petites phrases. S'entrainer un peu tous les jours. Il faut entendre le rythme. Le jour où vous l'entendrez, vous pourrez commencer à découper les phrases, et les fluidifier.

Ce conseil n'est pas un conseil général, mais bien un conseil adapté à la lecture sur le Web qui, la plupart du temps, se fait sur une tablette, un portable, ou un ordinateur, c'est-à-dire des éléments scintillants agressifs qui ne favorisent pas la lecture en profondeur. Fluidifier la phrase n'est pas un critère esthétique, mais un critère d'efficacité : plus on est capable de fluidifier la phrase, plus la lecture de l'internaute est facilitée.

Dans tous les articles écrits sur Internet, j'ai vraiment cherché à rendre la lecture la plus fluide possible de manière à ne jamais perdre mon lecteur en cours de route. C'était presque devenu une priorité tant il est difficile aujourd'hui de conserver l'attention d'un lecteur. Et j'écrivais aussi beaucoup à l'oreille. J'ai toujours beaucoup écrit à l'oreille, mais jamais autant que lorsque je me suis mis à écrire sur un blog. Je savais quel enjeu se trouvait derrière : capter le lecteur.

Dans les nouvelles plus personnelles, j'ai beaucoup varié les effets, mais sur le Web, je me suis toujours tenu à cette règle simple : fluidifier le texte au maximum. Le jour où tout le monde pourra surfer sur Internet avec un confort de lecture équivalent à celui d'une liseuse ou d'un livre papier, je reviendrai sur mon conseil.

Quelques exemples

Difficile de montrer cette fluidité parce qu'il faudrait pouvoir partager son oreille. Difficile aussi parce que je ne suis pas parfait et que je ne réussis pas toujours ce que je conseille. J'essaie seulement d'être dans la ligne le plus souvent possible et de la manière la plus saine possible. En somme, je tente de faire au mieux.

– C'est un rythme intérieur qu'il faut entendre et faire partager dans tous les articles, qu'ils soient vaguement lyriques comme « La vieille église Saint-Louis » ou pas plus que ça, comme « La pêche aux oursins. » Dans tous les cas, il y a la volonté de fluidifier la lecture pour la rendre agréable à l'oreille.

– Je crois que je l'ai en partie appris de Céline et je l'explique dans un article « Ma mère aimait Louis-Ferdinand Céline » où je parle un peu du Corbeau et du Renard, et aussi de ma fille :

« J'écris à l'oreille. Le sens de la phrase arrive en second. Si la musique de la phrase ne colle pas, je change les mots… et tant pis si le sens en est changé. Il y a priorité absolue à la musique intérieure. Le réflexe en est devenu obsessionnel. Je ne pense pas le devoir à Céline, mais Céline m'en a donné l'autorisation morale. Évidemment, l'idéal est que le sens et la musique concordent. Comme dans La Fontaine. »

– Parfois même, j'abuse, ce qui n'est jamais bon sur un blog qui a pour ambition de toucher quelques lecteurs : « Des mouettes aux arquebuses » en est un exemple parfait. Je me suis beaucoup amusé à écrire ce texte dont le but est de retirer tout sens aux phrases pour ne plus conserver qu'une musique intérieure. Il va sans dire que l'exploit n'a eu aucun succès, probablement parce que le texte lui-même manque de génie (même s'il me fait toujours sourire).

– Je pense que le bon équilibre audition/sens se trouve dans un article charmant comme « Jeanne au bain ».

83

S'approcher de la forme poétique

Élaguer pour détacher le cœur de la forme

Il faut mettre en évidence la forme qui vous caractérise.

Notion compliquée, mais essentielle. Vous ne devez pas diluer le centre de votre message dans des images d'Épinal. Vous devez toujours aller au plus simple pour faire ressortir ce qui fait le cœur du contenu d'un texte. Il faut beaucoup retoucher et beaucoup enlever pour trouver le squelette sur lequel construire un texte.

Étymologiquement, la poésie est création, donc je ne parle pas ici de jolies rimes. Aucun intérêt dans ce contexte. Il s'agit davantage de mettre au jour un sens préexistant en dégageant ce qui fait le cœur du texte : sa forme. On avance doucement et chaque phrase n'est pas un élément qui vient s'ajouter au précédent, mais un élément qu'on retranche peu à peu pour arriver, vers le milieu du texte, à dessiner une forme en creux, autour de laquelle le stylo tourne depuis les premiers mots.

C'est une manière d'écrire qui m'est devenue chère : je me lance et je ne sais pas où je vais. Je cherche. Donc phrase après phrase, je scrute le sens de ce qui apparaît, et j'élague jusqu'à apercevoir un contour que je suis capable de comprendre. À partir de ce moment-là, je suis à mi-chemin, et je vois la forme dont je vais devoir souligner et renforcer les limites. Lorsque le texte est fini, une forme précise est dévoilée.

Bien sûr, c'est un processus idéal. Tout ne se passe pas toujours pour le mieux dans le meilleur des mondes, mais avec un peu de pratique, on progresse assez vite, et on apprend à laisser la bride à une intuition qui prend de plus en plus confiance en ses capacités créatrices.

Je n'écris plus avec un plan. Je suis à l'écoute d'une trame qui lentement prend forme. *Poiesis.*

Quelques exemples

Ce que j'appelle poésie ici n'est donc pas la « jolie forme » (qu'est-ce que la jolie forme, je n'en sais rien), mais la forme créatrice, la chose en train de se faire.

– Donc la poésie sera davantage du côté de « Waada et Karantica de Sidi El Houari » que de « Jeanne au bain » par exemple. Partir en quête de quelque chose et tenter de trouver la forme en chemin. Il est plutôt conseillé de ne pas craindre le ridicule, et de raconter, toujours raconter. Raconter quoi ? Ce qui se trouve à l'intérieur et qui questionne. Pour mettre au jour, peu à peu, une esquisse de réponse.
– Dans « Ce que la nuit doit à Brouty », la recherche est moins explicite, mais la fin ramène le lecteur à une réflexion autour d'un dessin de Charles Brouty. C'est cet esprit de découverte qu'il faut conserver au maximum et distribuer autant que faire se peut dans tous les articles. Un esprit dans lequel le questionnement prend une place essentielle. Les marketeurs diraient qu'il faut raconter une histoire. En vérité, il faut juste être en recherche.
– Toujours la recherche qui met en place peu à peu une forme : « Je découvre par hasard la blouza oranaise ». Là, on voit bien que je pars de zéro et que je construis peu à peu la blouza oranaise pour lui donner sa forme (et même aller plus loin dans les dernières images). Un article phare sur Memoblog (alors que je n'y connais rien...)
– Évidemment, il y a « La dame de la rue Landini » qui est devenue emblématique d'une recherche sur le quartier de la Marine à Oran. L'article se découpe en deux parties : une première partie qui décrit la dame sur une photographie, puis subitement, une nouvelle photo apparaît, qui vient presque en contradiction avec la première et engendre un questionnement. La recherche est lancée : il faudra resituer la photographie dans son contexte historique et tenter de retrouver son chemin dans le dédale des rues de la Marine.

84

Assurer la forme et douter du fond
La phrase est sûre et le fond sonde

Le fond du texte avance et doute sur une forme sûre.

Ne pas se tromper : la phrase tient tout. Le rythme de la phrase est le socle indéfectible de tout contenu. Le doute peut s'appuyer dessus. Un contenu sérieux s'effondrera toujours devant une phrase bancale. Il vaut mieux le saisir assez vite.

Sur Internet, la forme de base est la fluidité ; un paragraphe fluide est la garantie de conserver le lecteur. Pour ce qui concerne le contenu du texte, un fond qui suit les dédales d'un questionnement (accompagné d'une série de réponses) sera plus à même de retenir la personne que des réponses seules à des questions qui ne sont pas posées. C'est ce que j'appelle ici le doute, même si l'on pourrait en discuter.

Parce que le doute va plus loin et tout dépend de ce que vous écrivez. S'il s'agit d'un blog d'entreprise, alors évidemment, c'est une alternance de questions/réponses qu'il faut suivre, pour montrer que l'entreprise a compris les problèmes auxquels vous êtes confrontés, et qu'elle possède des solutions. Mais perturber l'esprit du lecteur est essentiel pour le retenir dans le texte, donc toujours le bombarder de questions, le déstabiliser, tout en lui assurant une assise par ailleurs.

Si votre site Internet est personnel, vous n'êtes plus dans les mêmes obligations qu'une entreprise, vous pouvez réellement montrer vos doutes intérieurs et la façon dont vous avancez dans votre recherche, ou la manière dont vous avez levé des doutes antérieurs. Dans tous les cas, faites part de vos difficultés.

En revanche, vous allez devoir compenser en termes de fluidité de la phrase, sinon vous perdrez votre lecteur qui sera doublement instable.

Quelques exemples

Une page qui pourrait être redondante avec la précédente puisqu'on suit un questionnement. Mais le doute est intime. Contrairement au questionnement qui, dans le cas présent, sera davantage tourné vers le monde.

– Des doutes, j'en ai traversé beaucoup en écrivant sur ce blog. Mais il ne m'est jamais venu à l'esprit de l'arrêter pour cette raison. J'ai cessé d'écrire au bout d'un an et demi par lassitude, parce que j'avais fait le tour de mes questions familiales ; je les avais rattachées à la grande Histoire. Mes parents n'étaient plus mes parents, mais des individus pris dans la grande broyeuse du XX°S. Fin du cordon ombilical. Et questionnement parental brutalement retourné au colloque de Masseube : lire le doute dans « Les ballons pieds-noirs »

– Dans les doutes, je place aussi les grands aveuglements, c'est-à-dire ces évidences qui sont là, sous notre nez, qui nous concernent, mais que nous ne voyons pas. Un article plutôt sympathique me servira d'exemple : « Nancy et Poitiers », discussion familiale sur un parking, pendant plus d'une heure autour des origines.

– Dans « Le tableau de la Place Kleber », c'est une interrogation qui reste en suspens : trouverai-je le courage d'aller à la rencontre des uns et des autres pour poser les vraies questions et obtenir les bonnes réponses ? Oui. J'ai trouvé le courage de le faire, et c'est une bonne chose, même si ça m'aura pris trois ans.

– Le doute c'est encore la possibilité de se déplacer de quelques kilomètres à peine pour aller voir une statue historique. « Quelques mots sur la statue de Périssac. » J'aurai mis un an à le faire.

Ne jamais hésiter à montrer ses propres dilemmes intérieurs, parce qu'à la vérité, ils sont universels. On est rarement seul à éprouver un sentiment particulier. Tout a déjà été ressenti mille fois par tout le monde. La seule différence entre vous et les autres, c'est que vous avez décidé d'en parler, au lieu de le garder pour vous.

85

S'extraire des habitudes

Les habitudes deviennent vite des carcans

Il faut toujours se méfier des conseils d'écritures…

Les conseils, c'est bien. Ne pas les suivre, c'est mieux. Au bout d'un certain temps, en tout cas. Les conseils donnent un cadre qu'il faut connaître. Tout cadre se doit d'être transgressé. Et pour le transgresser, il faut s'y enfermer. D'où l'importance de maitriser les règles. Comment transgresser ce qu'on ignore ? Et puis s'extraire du cadre. À la fin.

Les habitudes sont des réflexes très utiles, elles permettent de réaliser de nombreux actes tout en pensant à autre chose. Remercions-les, elles sont faites pour ça. Elles nous libèrent. S'il fallait réinventer la roue tous les matins, on ne s'en sortirait pas. En revanche, elles ont le fâcheux défaut de se faire oublier. Nous sommes tellement pétris d'habitudes que nous ne les voyons plus, et nous les confondons avec nous-mêmes. Il faut du temps pour identifier une habitude et s'en débarrasser.

Vous avez pris des habitudes d'écriture depuis l'enfance et vous êtes loin de comprendre l'emprise qu'elles ont sur votre texte. Vous pensez créer là où, la plupart du temps, vous ne faites que répéter la même histoire de la même manière depuis des années, en inversant seulement deux mots par-ci par-là pour vous leurrer. Revoyez votre façon d'écrire en plongeant dans des conseils différents. Il existe des tas de façons de développer ses talents.

Lorsque vous en aurez fini avec les conseils que vous lisez en ce moment, passez à la pratique, testez-les au maximum, puis libérez-vous de ceux qui ne vous apportent rien, changez de cadre, adoptez d'autres postures, sortez de votre zone de confort.

Peu à peu, vous atteindrez votre équilibre. Votre style.

Quelques exemples

S'extraire soi-même de sa zone de confort est l'un des actes les plus difficiles à faire. Non seulement par flemme, mais surtout parce qu'on ne sait pas dans quoi on est pris. Alors quand il s'agit d'histoire familiale séculaire, n'en parlons même pas. Ou plutôt si.

– Memoblog n'avait pas d'autre objectif que de m'extraire de mon histoire familiale pour ne plus en subir le déterminisme de manière aussi violente. Objectif atteint, je pense. Lire « Les origines familiales » pour comprendre de quoi je parle ici. Attitude qui peut être généralisée à tout : se détacher des déterminismes. (Sachant qu'ils gagnent toujours à la fin).

– Se défaire des habitudes de l'écriture, c'est aussi écrire des formes extrêmement variées, et c'est ce que j'ai tenté de faire sur Memoblog en allant même jusqu'à la réalisation de vidéos. Je considère tout cela comme de l'écriture Web. Qui peut aujourd'hui penser que l'écriture sur Internet se limite à des mots ? Le langage numérique est multiforme et particulièrement complexe à prendre en main. Je ne peux que donner le conseil basique suivant (déjà donné par ailleurs) : varier, varier, varier. Pour vous extraire de vos habitudes.

– S'extraire des habitudes, c'est aussi laisser pénétrer en nous d'autres regards, comme celui des photographes. Je pense ici bien sûr aux magnifiques photographies de « Ramzy Bensaadi regarde Oran » qui m'ont permis de saisir des aspects de la ville que je n'avais pas compris et de sortir de certains réflexes personnels.

– S'extraire des habitudes, c'est enfin sortir de son sujet même de prédilection pour aller se perdre de temps en temps dans d'autres landes. Ça ne m'a pas toujours réussi (la géologie n'intéresse personne), mais il est arrivé quelques miracles comme « Je découvre par hasard la blouza oranaise », devenu l'article de Memoblog le plus lu, très loin devant les autres...

86

Dans le semblant d'une cohérence
Un texte à la fois ouvert et fermé

Considérez le texte comme une spirale.

Une spirale est un cercle qui ne se ferme pas. On revient au point de départ tout en n'y étant plus. Il y a à la fois un sentiment de clôture et d'ouverture. La spirale permet de résoudre une contradiction nécessaire à l'esprit du lecteur : si le texte est fermé, il étouffe, donc à éviter ; si le texte est ouvert, il est sans fin, et sans la fin, c'est l'unité perdue. Donc éviter aussi. Revenir au point de départ lui donne le sentiment de l'unité ; ne pas y être lui rend la liberté.

C'est tout l'art de la fin. Rien de pire qu'un happy end qui clôt toute narration et enferme le lecteur dans une fatalité tellement éloignée du réel qu'il sait qu'il vient d'assister à une fiction. Pas bien grave s'il était venu chercher de la détente à peu de frais ; un désastre s'il était venu chercher autre chose que la soupe qu'on lui sert depuis toujours. Il arrive parfois qu'on grandisse et que le réel redevienne une nécessité.

Tout chemin doit revenir sur lui-même enrichi d'un peu de sagesse. Il arrive souvent qu'un vieil homme retrouve l'espièglerie de son enfance et s'en amuse à nouveau, mais c'est en toute conscience qu'il doit le faire cette fois-ci, du moins s'il n'est pas encore atteint de sénilité. Un cercle vient de se fermer, mais pas tout à fait, et l'espace non clôt sur lui-même donne à l'ensemble le jeu nécessaire à toute vitalité.

Cette spirale est une structure que j'aime retrouver à tous les niveaux de l'écriture, que ce soit à l'intérieur d'un article, d'un chapitre, ou même à l'échelle d'un roman entier. Il faut toujours que je sente ce moment du retour vers l'origine, puis le décalage qui empêche le cercle de se refermer sur lui-même, puis la spirale qui prend son envol.

Quelques exemples

Un mouvement difficile à mettre en place et plus encore à donner en exemple. Mais je vais essayer puisque c'est le défi de ce livre.

– J'ai par exemple en tête l'article « Alicante de l'autre côté de la mer » qui me permet, après une première partie de travail sur les relations Alicante-Oran, de plonger dans mes souvenirs pour ramener celui de ma tante qui avait besoin, chaque année, de passer son mois d'août à Alicante. On voit le « retour » au centre de l'article, et la boucle qui se boucle sur les relations Oran-Alicante, mais pas tout à fait puisqu'il y a ouverture du côté familial.

– Je suis dans la même logique dans l'article qui suivra quelques jours plus tard sur l'anisette Galiana que buvait mon grand-père à Oran et qu'il ne buvait peut-être plus à Perpignan. « Une anisette à Oran avait-elle le même goût qu'une anisette à Perpignan ? » On voit assez bien cette notion de « retour » au milieu de l'article quand, après avoir énuméré les différentes anisettes algériennes, je cherche à faire remonter quelques souvenirs colorés pour tenter de déterminer l'anisette que pouvait boire mon grand-père durant mon enfance, sous mes yeux, à Perpignan. La fin de l'article revient alors au début en apportant une hypothétique réponse, mais reste ouverte malgré tout, parce qu'il découvre une nouvelle fois Alicante et les attaches fortes qui relient la ville à Oran.

– Il y a pour finir l'exemple de l'article « Edouard Herriot entre Lyon et Oran » qui fonctionne de la même manière : présentation des liens historiques entre Lyon et Oran (que beaucoup de lecteurs ne connaissent pas malgré tout), puis « retour » sur Édouard Herriot et ses liens avec Oran déjà évoqués (mais pris ici par un biais différent, celui du rapatriement de ses parents), puis chute de l'article sur une rue qui m'est très familière à Bordeaux : la rue Édouard Herriot. Donc on ferme l'article tout en l'ouvrant sur autre chose. Spirale.

87

Intégrer des éléments sans perdre son âme
Un texte à la fois intime et étranger

Considérez le texte comme une spirale (suite et fin).

Je répète : une spirale est un cercle qui ne se ferme pas. Il faut se perdre et revenir aux origines. Se perdre dans une autre forme puis retrouver la sienne. Sans pour autant détruire. Coller un élément étranger au style du texte est toujours un pari, celui de ne pas s'égarer. Il faut être capable de revenir à la forme dans laquelle s'intègre l'élément étranger. Se perdre et revenir au point de départ. Mais pas tout à fait ; spirale numéro 2.

Le bonheur de la digression puis du collage. Sortir de la route et partir dans la forêt, se perdre, trouver le loup, le ramener sur les sentiers, et puis lui demander de prendre la main du Petit Chaperon rouge. Il y a quelque chose de cet ordre même si le loup reste sauvage. Trouver un texte étranger et l'intégrer dans le nôtre est un pari délicat parce qu'il restera toujours un élément sauvage, irréductiblement étranger à notre style.

Et pourtant, cette étrangeté absolue peut arriver à trouver sa place si l'on est capable d'en sortir pour revenir au Petit Chaperon rouge et reprendre la route avec lui. L'élément étranger doit se fondre dans l'ensemble et lui offrir une saveur supplémentaire. Parce qu'il y a malgré tout le risque que le lecteur s'en aille sur d'autres voies à la suite de l'extrait que vous lui proposez et dont vous lui aurez bien sûr fourni la source. Combien de fois n'ai-je pas découvert un auteur de cette façon et n'ai-je pas quitté l'article en quête d'information sur cette nouvelle pépite littéraire ? C'est vraiment le risque pour votre article : perdre subitement votre lecteur.

Donc travaillez à le ramener très vite dans votre problématique originelle. Spirale numéro 2.

Quelques exemples

Jouer avec les extraits de texte n'est pas toujours évident parce que la capacité d'attention du lecteur a dramatiquement chuté. Donc il faut sérieusement méditer sur les choix qu'on fait en la matière.

– J'en ai raté pas mal, je pense, mais un article qui peut servir d'exemple est celui qui évoque le livre Hier est proche d'aujourd'hui *dans le texte intitulé « Jeanne Cheula décrit l'Algérie heureuse » (une expression qu'il faut bien sûr recontextualiser). J'ai passé l'article à intercaler des extraits de textes sans jamais perdre le lecteur dans la nature, ce qui n'est pas forcément le cas dans d'autres textes. Je fais en sorte d'éviter de donner de trop longs extraits de textes alors que j'aurais envie de tout mettre. C'est le risque. Il faut beaucoup couper pour ne mettre que de petits extraits.*

– Dans « Emmanuel Roblès apprend à parler l'arabe dialectal », j'intègre un extrait qui me parait un peu long, mais je sors du texte de Roblès en interpelant tout de suite le lecteur de manière à le rattraper tout de suite dans mes propos à moi et qu'il ne lui prenne pas la mauvaise idée d'en savoir plus sur cet auteur.

– Il faut vraiment faire l'effort de rebondir sur l'extrait qui a été donné et ne surtout pas passer à la suite sous prétexte que ce qui devait être dit a été dit. Il faut absolument revenir sur l'extrait, et dans un article comme celui sur Camus « Oran et Camus : une histoire totalement absurde » où l'extrait de son livre « l'Été » est un peu long, je fais le choix de mettre le lecteur, dès la fin du texte, face à une contradiction pour l'obliger à rester dans l'article.

– Et puis dans l'article « Les cigarières de chez Jean-Paul Buñoz » il y a une alternance de plusieurs textes différents (mais pas trop longs) qui permet aussi de conserver le lecteur au sein du texte parce qu'il est sans cesse attrapé par des extraits divers et variés. Encore une fois varier, varier, varier, et rester court. C'est l'époque.

88

Rendre le texte vivant

Donner du mouvement aux paragraphes

Il faut créer du vide pour provoquer des appels d'air.

Ce sont les espaces qui créent le mouvement du texte. Il faut donc beaucoup espacer les phrases et les paragraphes pour que l'air circule et donne vie à l'ensemble du texte. Mais la respiration passe aussi par des changements de tonalité, d'angle, et de vocabulaire. Le mouvement ne peut avoir lieu que s'il existe du jeu, ce petit espace libre entre deux pièces. Intégrer des images, du son, de la vidéo, des objets, des réflexions personnelles et des paroles étrangères donne du mouvement et de la vie au texte.

Le jeu est une notion essentielle. À prendre dans tous les sens. Aussi bien celui de l'amusement que celui de l'espace libre entre deux pièces pour que le mouvement reste possible. C'est une notion assez difficile à rendre concrète puisque l'espace est justement un élément de vide nécessaire au déplacement des pièces. Comment montrer le vide ? Il faut peut-être se rappeler ce jeu de quelques carrés coincés à l'intérieur d'un cadre dont les pièces en désordre doivent être déplacées pour reconstituer l'image. Un espace reste vide pour permettre aux pièces de se déplacer à l'intérieur du cadre.

Votre texte ne sera vivant que si vous êtes capable d'y créer un espace pour votre lecteur. Parce que c'est lui qui doit mettre en mouvement votre texte. Combien de lecteur qui ne saisissent pas le texte ? Parfois parce que le texte est mauvais, mais souvent parce qu'ils n'arrivent pas eux-mêmes à le mettre en mouvement tandis que d'autres lecteurs (et c'est plutôt rassurant en tant qu'auteur) en sont capables.

Créez plusieurs pièces à votre texte, jouez et faites des liens, puis donnez au lecteur la possibilité d'en faire autant.

Quelques exemples

Encore une fois le mot d'ordre devenu rituel : varier. Mais cette fois-ci à l'intérieur même de l'article. Varier pour créer des pièces différentes et des articulations qui permettent le mouvement. Le jeu se trouve entre les pièces, dans l'espace vide de l'articulation.

– *Un exemple très simple pour commencer, celui de l'article « Edgard Attias et le monstre marin d'Oran », qui est l'un des tout premiers textes écrits sur Memoblog, et qui conserve d'ailleurs la fraîcheur des débuts. Beaucoup de légèreté. J'alterne les petites réflexions personnelles avec les extraits de textes, les images sympathiques, et même la vidéo en fin d'article. Tout ça en quelques mots. Je savais où je voulais aller... et pourtant, je n'y suis pas vraiment allé... Je n'ai pas toujours suivi les conseils que je donne ici...*

– Dans « Histoires d'eaux dans la ville aux murs chauds » je reconstruis la longue histoire du passage de l'eau salée à l'eau douce à Oran et j'essaie d'alterner pas mal de chose, tant sur le plan des supports que sur celui de l'angle de vue, puisque je fais aussi bien intervenir Camus que ma mère, ou un rapport de Henri Monod dans lequel on trouve une belle description des années 30. C'est l'un de mes derniers articles, j'ai une certaine maîtrise des changements de perspectives à l'intérieur même du texte donc je fais tout voltiger pour créer du mouvement. Le problème est que je commence à m'ennuyer donc le blog s'arrêtera trois articles plus tard... Il ne manque que la vidéo, mais je suis en train d'y réfléchir.

– Un article classique (le plus partagé sur Facebook) est celui qui reprend ma découverte de Nîmes Santa Cruz « Qu'en est-il de la transmission : Nîmes ou le Diocèse de la dispersion ». Tout y est, depuis les images, les témoignages, les vidéos, les musiques, les explications, etc. Varier, varier, varier...

89

Malmener les anciens textes

Ne pas craindre la transgression

Le respect obsessionnel des anciens textes empêche de respirer.

Il est toujours compliqué de toucher aux vieux textes. On ne le fait jamais sans crainte. Mais que craint-on ? Il suffit de donner la version originale et d'annoncer qu'on s'en est inspiré. À partir de là, c'est le début de la liberté. On fait ce qu'on veut puisque l'original est en pièce jointe. Et il n'est pas dit qu'on fasse toujours moins bien que les publications d'époque. À part les grands auteurs connus de tous et que personne ne s'amusera à transgresser, les autres sont des individus normaux. Donc tout est possible.

(NB : Faire ça avec les auteurs disparus depuis très très très longtemps. Les vivants et quelques héritiers sont toujours susceptibles et procéduriers.)

Le respect porté aux textes anciens du seul fait qu'ils soient anciens ne doit pas nous ôter une certaine forme de lucidité : la plupart d'entre eux sont tout ce qu'il y a de plus normaux. J'ai lu quelques textes de militaires qui ont connu la conquête de l'Algérie, le style est propre et révèle une parfaite maîtrise de la langue, mais il n'y a pas de quoi tomber par terre non plus. Les textes peuvent être repris, utilisés, transgressés, à des fins personnelles ; se lancer dans ce jeu-là est même une nécessité pour qui désire s'approprier un temps, une époque, un lieu dans sa chair, et plus seulement dans sa tête.

Les textes anciens sont une part de l'Histoire, une direction prise par les événements il y a longtemps, et dont il reste toujours une petite brise. C'est elle qu'il faut aller chercher délicatement, s'approprier, et fondre dans le présent de notre recherche personnelle.

Quelques exemples

Davantage ici que les textes anciens — dont je n'ai pas tant profité que ça —, je parlerai de la transgression, plus facilement compréhensible par tout le monde. Le problème dans mon cas est que la thématique même autour de laquelle j'ai tourné (Oran et l'Algérie) est sujette à transgression et que le défi était plutôt de passer entre les gouttes pour faire quelque chose de différent.

— Transgresser n'est pas polémiquer, même si le premier engendre bien souvent le second. Transgresser, c'est bouger ce qui est trop respecté, pour en faire quelque chose d'autre. Et la transgression est parfois discrète. Je prendrai l'exemple d'une petite transgression d'époque qui n'est pas de moi, mais de Charles Brouty. Je vous conseille d'aller voir un dessin en fin d'article « Ce que la nuit doit à Brouty » j'en ai déjà parlé. Là, il y a une belle transgression : un petit fantôme blanc qui traverse la rue, « invisible », devant le théâtre d'Oran rempli de beau monde. Deux mondes en vérité. Et c'est une transgression pour moi que de le relever pour écrire un texte.

— Elle est parfois plus voyante. Lorsque je choisis le titre d'un article « Jeanne Cheula décrit l'Algérie heureuse » je sais que je transgresse. Et doublement. Une fois par rapport au regard actuel de la France sur l'histoire de cette période, et une autre fois, parce qu'elle n'est pas Pied-Noir et décrit mieux ce monde perdu que les Pieds-Noirs eux-mêmes. Je sais que l'article ne sera pas reconnu, mais j'aime l'écriture limpide de Jeanne Cheula, et il ne me viendrait pas à l'idée de toucher à son texte pour m'amuser. La transgression est parfois la marque d'une certaine exigence personnelle à maintenir contre vents et marées.

— La transgression est peut-être aussi de dire qu'on n'a vraiment pas aimé un livre que tout le monde aime et lui trouver autre chose que certains n'ont pas vu. « Marie Cardinal décrit Oran. »

90

Soigner la chute du texte

On peut rater le texte, mais pas la fin

La fin du texte doit être dans la tonalité de l'ensemble.

Pour respecter le texte, il faut ne pas connaître la fin. Alors la voilà qui arrive, sans prévenir, et qui tient en une phrase. Seule, elle ramasse sous son aile l'ensemble des paragraphes que le lecteur traverse, et lui offre en trois mots le parfum d'un moment partagé.

Il existe de nombreuses façons de terminer un texte, mais dans tous les cas, il s'agit surtout de rester dans la tonalité de l'ensemble sans jamais clore l'idée directrice pour ne pas enfermer son lecteur dans une structure définitive. Quelque chose doit s'achever et ouvrir dans le même temps de nouvelles routes. L'âme d'une traversée doit être perçue et captée dans les derniers mots, même furtivement.

Je n'y suis pas toujours arrivé parce que l'exercice n'est pas simple. D'où une technique : soigner la mise en forme des paragraphes, réduire peu à peu la longueur des phrases, et revenir plus souvent à la ligne de façon que le lecteur perçoive nettement qu'il vient de pénétrer dans une zone terminale et qu'il associe les mots à la fin du texte.

Mais jouer sur la forme de la publication pour indiquer que la fin approche est une ruse de Sioux. Logiquement, c'est le texte lui-même qui doit permettre de comprendre quelle boucle est en train de se boucler. Un texte réussi est capable de redessiner d'un coup de trait fulgurant la forme générale qui vient d'être traversée par le lecteur pour lui offrir l'essence du texte en guise de cerise sur le gâteau.

Il y a le gâteau et il y a la cerise ; ce petit élément qui ne ressemble pas au gâteau, mais qui, par effet de contraste, en révèle toute la substance.

Quelques exemples

La chute du texte est un exercice difficile et je m'y suis cassé les dents plus d'une fois. Mais il m'est aussi arrivé d'en trouver quelques-unes dont j'estime qu'elles sont à peu près réussies.

– J'ai en tête une fin que j'aime beaucoup parce qu'elle me fait sourire à chaque fois que je la lis : « Le chat noir du musée Nessler ». Un article qui raconte l'histoire d'un musée construit sur le modèle des demeures pompéiennes par un mégalomane passionnant. On y découvre un aristocrate issu d'une famille de l'empire austro-hongrois déchu obsédé par les œuvres antiques. On n'y parlera jamais de chat noir, excepté dans le titre et dans la dernière phrase, mais tout l'article est écrit sous l'angle de la fin programmée, une sorte de fatalité inscrite dans les colonnes du musée depuis ses origines. Dans ce cas-là, la dernière phrase humoristique condense parfaitement l'âme de l'article que le lecteur vient de traverser.

– Mais la plupart du temps, je n'ai pas réussi à trouver cette dernière phrase capable de rassembler en une formule l'âme de l'article et je me suis donc rabattu sur quelque chose de plus mécanique et plus simple à faire : la diminution de la longueur des phrases. On l'a à peu près dans tous les articles. « Notre Dame de Santa Cruz se trouve aussi à Fourvière » ou « Les petits plaisirs de la rue de l'Aqueduc » ou encore « Le cas étrange de la porte du caravansérail ». Dans ces trois cas comme dans des dizaines d'autres, j'ai surtout veillé à donner au lecteur le sentiment de l'approche de la fin pour que la dernière phrase lui apparaisse logique à ce moment-là de la lecture. Tout en essayant malgré tout de concentrer dans la dernière phrase l'idée générale et directrice de l'article. C'est nettement visible par exemple pour l'article sur la porte du caravansérail, dernière phrase : « Si ce n'est pas un destin, ça y ressemble fort. »

10 — MONTRER LA PENSÉE EN MARCHE

Cette dernière partie est le choix que j'ai fait dans mes textes. Parce qu'il me plait de montrer comment une tête pense, si tant est qu'elle pense, ce que je m'efforce de croire malgré quelques indices démontrant parfois le contraire. On fait ce qu'on peut.

Il s'agit de montrer la recherche.

À vrai dire, je crois que le parti pris est universel. Un cerveau est fait pour ça. Un cerveau cherche à constituer du sens, donc il assemble, défait, imagine, et trouve... des solutions bancales.

Tout est intéressant à montrer puisque le processus est la vie même, et à ce titre, passionnant.

91

La direction du texte
Laissez-vous guider

Commencer le texte, la suite viendra toute seule.

Un texte n'est pas construit d'avance. Sauf si l'on veut qu'il soit mauvais. Même un texte avec des informations. Il faut le laisser grandir et le suivre dans ses dédales. À la fin, on comprend ce qu'on voulait dire. On peut alors retoucher le début qui tâtonnait. Règle fondamentale, difficile à appliquer, mais cruciale.

Règle cruciale pour qui donne priorité à la vitalité du texte. J'ai commencé à expérimenter cette méthode d'écriture en septembre 1999 et elle m'a permis de progresser sans préparer de plan, donc sans bloquer mon inspiration qui n'avait pas encore tracé le premier mot. J'ai fini par appeler ça la trame.

Le texte sait où il va. Ce n'est pas de la magie, c'est une vérité assez simple à expérimenter, encore faut-il y croire. Le texte avance vers sa signification et le seul véritable travail que nous avons à faire dans cette histoire est d'ouvrir les yeux pour s'assurer qu'on ne laisse pas passer le moment essentiel où la petite lumière du sens brillera d'elle-même.

Parce qu'il assez courant, les premières fois, qu'elle nous passe sous le nez sans qu'on s'en aperçoive. Concentrés que nous sommes sur le texte à écrire, nous ne voyons pas le sens qui vient d'apparaître. Nous continuons à nous arc-bouter sur nos obsessions originelles sans nous rendre compte que nous sommes déjà arrivés, qu'il suffit d'ouvrir les yeux.

En fin de compte, l'essentiel est de trouver les trois premières phrases parce qu'elles permettent de se lancer dans l'arène. Donc revenir au tout début de ces conseils et travailler sans cesse à améliorer les entames de textes parce que tout s'y trouve en germe.

Quelques exemples

Des exemples de textes qui avancent tout seuls pullulent sur Memoblog, et ceci pour des tas de raisons. La première d'entre elles étant probablement que j'étais en position de recherche, aussi bien pour ce qui concerne l'écriture que pour les origines familiales. Mais contrairement à ce qui sera développé dans le point suivant (92), on ne montre pas forcément sa recherche au lecteur. En revanche, on peut sentir intuitivement comment le texte a été construit si l'on y prête attention.

– Un article dont on voit bien qu'il est écrit en se laissant porter par le sens est celui qui s'intitule « La place Kargentah n'est plus tout à fait la même ». La première partie du texte est une réflexion personnelle, et j'ai souvent commencé ainsi pour avancer et comprendre comment je voulais mettre en place mon sujet. Jusqu'au moment où je vois comment l'introduire et que se mettent en place les trois photos dans l'article cité en exemple. Je sais que je suis au cœur de l'article. Ensuite, une fois que le cœur est dépassé, la question devient celle-ci : comment rejoindre la fin du texte et quelle est-elle ?

– Dans un article comme « À Oran, la Cité de la mer a sombré corps et âme, mais le reste avance » on remarque assez facilement que je découvrais mon sujet en même temps que je l'écrivais et que je papillonnais à droite et à gauche. Je suis censé être à Oran et je navigue soudain du côté d'Alger pour observer des projets similaires aux projets de l'ouest et prendre peu à peu conscience des enjeux colossaux de ce genre de projets. Retour ensuite à Oran avec un regard différent et quelques questions.

– Dernier exemple parmi tant d'autres, l'article « Bienvenue chez Maurice el-Medioni (neveu de Saoud l'Oranais) » dans lequel je déambule de phrase en phrase en me laissant guider à la découverte d'un musicien exceptionnel qui a connu la musique judéo-arabe des années 50 à Oran.

92

La recherche

Indiquez le chemin

Montrer la route empruntée pendant l'écriture.

Il est tout à fait possible d'écrire sur un sujet qu'on ne connaît pas. Il suffit d'annoncer la couleur. Puis de montrer le chemin de sa propre recherche à travers l'article. Le lecteur découvre en même temps que l'auteur le trajet d'une pensée. Rien de plus beau à regarder qu'une pensée qui se déploie. Et il n'y a pas du tout besoin de partir dans les grandes idées.

La lecture est probablement le chemin le plus merveilleux de la découverte. On glisse dans un livre et toutes les phrases nous plongent dans l'inconnu. Pourquoi ne pas emprunter la même voie pour l'écriture ? Pourquoi ne pas chercher en écrivant et pourquoi ne pas montrer votre recherche ? Chacun fait comme il l'entend, mais j'ai pu remarquer la puissance d'un questionnement partagé par les lecteurs.

Maitriser le processus et mener le lecteur par le bout du nez est un processus qui peut être drôle, mais avancer main dans la main avec lui est infiniment plus riche. Il est vrai qu'il y a quelques risques à prendre, puisque la maîtrise est perdue, et que tout peut arriver. Sans aller jusqu'à de telles extrémités, n'est-il pas possible d'offrir une petite place au lecteur pour lui faire part de vos doutes, de vos hypothèses, de votre direction de recherche, et de quelques solutions éventuelles ?

N'est-il pas possible de faire entrer le lecteur dans votre esprit pour lui montrer (en apparence, parce qu'on est toujours dans les apparences) les bribes de contradictions à l'intérieur desquelles vous vous débattez ? Ne pouvez-vous pas commencer à lâcher du lest et introduire le lecteur dans la genèse même du texte ?

Il vous en saura gré.

Quelques exemples

C'est une manière de fonctionner qui se rapproche du point précédent (91), mais qui est davantage marquée. On va clairement montrer notre ignorance et le cheminement de la découverte.

– *Dans l'article « Les Sidi el-Bachir du centre et de la périphérie d'Oran », la recherche est de mise et je me laisse guider par quelques questions. Je ne sais pas où j'avance, même si je sais que je veux parler de Sidi el-Bachir. La logique est donc de se laisser guider. Dans cet article, il est par exemple typique de commencer avec le mausolée de Sidi el-Bachir que je connaissais, puis subitement de basculer sur le bidonville qui porte le même nom. Il est visible que je me suis laissé surprendre par ce bidonville durant ma recherche sur le nom.*

– Je pense que c'est assez visible aussi dans un article plus long et plus construit comme « Qu'en est-il de la transmission : Nîmes ou le Diocèse de la dispersion ». On suit la pensée de l'auteur qui chemine au gré de ses associations d'idées et on avance peu à peu dans la découverte de ce rendez-vous annuel. Le but du jeu est réellement de transmettre au lecteur le mouvement de la pensée à travers le mouvement du texte. Le questionnement est apparent. Le lecteur se pose les questions avec l'auteur.

– Un article que j'aime beaucoup et dans lequel on me voit clairement en questionnement : « La Sénia et ses petits personnages peints ». Cette fois-ci, c'est peut-être plus subtil dans le sens où j'essaie de reconstruire le cheminement d'une recherche passée. Je cherche à retrouver le mouvement qui m'a amené à la découverte de ce petit tableau particulier si bien que j'embarque le lecteur dans le mouvement d'une nouvelle mise au monde. Mais je ne suis pas moi-même en recherche (en tout cas, pas sur le sujet lui-même), je tente dans la mesure du possible de faire revivre au lecteur ce que fut ma démarche. En toute simplicité bien sûr, il ne s'agit que d'un blog.

93

Le désir

De l'attraction comme moteur

Se laisser prendre par les belles choses et les montrer.

De l'importance d'admirer les belles choses pour se laisser happer. Les belles choses permettent d'être tiré vers le haut et de se laisser porter pour écrire l'article. Le véritable moteur est là, dans le plaisir du sujet et des secrets qui s'y cachent.

Nous sommes sans cesse plombés. L'esprit grégaire nous tire vers le bas, c'est-à-dire vers autre chose que nous-mêmes, vers ce qui n'a aucune importance pour nous, et vers un dénigrement généralisé de tout. Il suffit de plonger quelques heures dans les commentaires Facebook de n'importe quel article d'actualité pour se rendre compte à quel point l'esprit général tire tout le monde vers le bas. Le dénigrement du monde est généralisé.

Il est très difficile de lutter contre la force du groupe. On a vite fait de plonger dans la laideur du cynisme et d'y trouver une forme maléfique, un moteur sombre. Là où nous pensions avancer, nous sombrons. Et là où vous pensiez écrire, vous tirez vos lecteurs vers le bas jusqu'à les perdre. Devenir inspirant et se tirer soi-même vers le haut comme savait très bien le faire le baron de Münchhausen est la seule solution pour s'extraire du marasme ambiant.

Et pour être tiré vers le haut, il faut être attiré par du brillant, du beau, du fort, du grand, du diamant. Tirez-vous par le haut en partant à la recherche des belles choses et tirez tout le monde vers le haut en montrant de belles choses. Pas des petites fleurs, des couchers de soleil ou des sommets enneigés, de belles choses bien humaines.

Parce que si l'époque considère que l'Homme est ce qui peut arriver de pire à l'Homme, ce n'est pas mon cas.

Quelques exemples

Se tirer soi-même par le haut est ce qu'il y a de plus difficile, mais a-t-on seulement le choix ? C'est soit ça, soit la chute.

– On est toujours récompensé quand on essaie de créer un peu de lumière. « Jeanne au bain » est un article un peu étrange qui a su trouver un petit public. Je ne sais pas pourquoi j'ai écrit ce texte sous cette forme, mais je suis content de l'avoir fait ; il mélange l'historique et le poétique. Il y avait le désir de tourner autour d'une figure de la folie et du bain comme marque éternelle du secret féminin. Autour de la royauté, aussi. Ne jamais avoir peur de se laisser aller dans ces cas-là. Le ridicule ne tue pas.

– On écrit parfois seul, vraiment pour personne, et on sait qu'on ne sera pas compris, mais ça n'a pas d'importance. Il n'y a pas mort d'homme, c'est juste pour une journée. Voir l'article « Antoine Martinez et sa femme Alice » qui n'est fait que pour moi et le plaisir de la photographie. Devrais-je toujours chercher à satisfaire quelqu'un d'autre que moi ? Ce n'est qu'un blog. Demain, j'écrirai du compréhensible ; aujourd'hui, je me tire vers le haut.

– Et puis à nouveau un hommage à Charles Brouty qui m'a tant apporté par ses magnifiques dessins. « Charles Brouty est une merveille de délicatesse » est un article qui n'a pas été lu. Normal, je n'y parle pas d'Oran, ou si peu. Je choisis une fois de plus (mais je ne l'aurais pas fait si souvent que ça) de partir dans mes désirs personnels et de prendre plaisir à parler de ce que j'aime et trouve beau. Se tirer soi-même vers le haut quand on sent qu'on est toujours en train de raconter du terre à terre ou de l'Histoire. J'aime l'Histoire. Mais j'aime encore plus la surplomber pour lui donner un éclairage coloré. Qu'importe la réalité, parfois. Ce qui compte est de porter un regard vivant sur le monde pour le transformer et lui offrir cette brillance qu'on peine à lui trouver au quotidien.

94

Le doute

Montrez vos questions

Les questions sont plus importantes que les réponses.

Si on ne doute pas de ce qu'on écrit, c'est qu'il y a un problème. Montrer le doute de manière légère humanise un texte. Donner des leçons l'assèche. Il faut trouver le juste milieu, parce que si tout le monde a besoin de fausses certitudes, chacun a besoin d'un peu de réconfort.

Montrer que l'humain est ce qu'il y a de plus fort. Et l'humanité se reconnait à sa profonde faiblesse. Dès que quelqu'un montre son désarroi, on sait qu'on a affaire à un humain. Dès qu'un homme fort laisse transparaître un peu de son humanité, on sait qu'on a affaire à quelqu'un de bien. La force et la faille. Steve McQueen, par exemple, pour reprendre une admiration personnelle.

Laissez transparaître la faille. Montrez d'abord la force de votre style, mais lorsque cette force est en place, laissez transparaître la faille, c'est-à-dire votre part d'humanité. Le mélange est toujours séduisant parce qu'il a l'apparence du vrai ; tout le monde y passera. C'est une marque de grandeur que de le reconnaitre dans chacun de ses textes en glissant toujours la petite faille à un endroit ou un autre.

En actant cette faille, vous rejoignez le lecteur dans ce que vous partagez de plus profond avec lui, une condition humaine difficile... Si vous êtes capable d'aller jusque-là (sans jamais tomber dans le misérabilisme !), votre lecteur se reconnaitra en vous et vous aurez gagné son estime. Le doute est à la base de tout. Il me semble que chacun l'a appris à l'école en lisant Descartes. Mais peu y croient.

Et pourtant, si vous êtes capable d'en monter quelques fragments, vous avez gagné.

Quelques exemples

J'en ai parlé plus haut, tant pis, j'y reviens. Existe-t-il un sentiment plus profond que le doute pour accéder à quelques petites vérités humaines ? Quelqu'un qui doute aura toujours ma préférence sur le savant.

— Il y a 36 000 manières de douter. Des manières intellectuelles, des manières affectives, des manières sensorielles. Dans « Une anisette à Oran avait-elle le même goût qu'une anisette à Perpignan ? » il s'agit d'un doute sensoriel qui joue sur des couleurs et des souvenirs. Je tourne dans tous les sens la bouteille d'anisette de mes souvenirs pour tenter de lui rendre ses couleurs, et je cherche à la comparer avec les photographies des quelques marques les plus connues. Tout ceci est un jeu. Je ne fais pas confiance à ma mémoire qui s'amuse avec moi comme elle l'entend. Qui fait confiance à sa mémoire est un naïf.

— Le doute intellectuel se trouve davantage dans un article comme « Qu'en est-il de la transmission : Nîmes ou le Diocèse de la dispersion » où je me pose des questions. J'ai presque hésité avec le doute affectif, mais non, dans l'article, j'ai rendu le doute intellectuel pour la plus grande part, même si j'ai glissé pas mal d'affectif. Dans la réalité de ce jour-là, en revanche, le doute est quasi physique : vais-je réussir à me confronter à Nîmes Santa Cruz ? Réponse : oui !

— Le doute affectif est plus marqué dans l'article « Les ballons pieds-noirs » par exemple. Même si la question intellectuelle de la transmission dans le monde pied-noir est posée, le point de départ reste l'affection pour mes filles et le sentiment que je ne pourrais pas leur transmettre la lourdeur de cette histoire, que je dois transmettre autre chose, mais pas ça. Pas tout de suite en tout cas. Et du coup, je comprends que mes parents ont eu la même attitude et que c'est pour cette raison que je suis en recherche perpétuelle. Le doute permet toujours d'aller plus loin que soi pour accéder à l'autre. L'autre en soi et l'autre ailleurs.

95

La justesse

Dites les choses telles qu'elles se présentent

La justesse est la mise en scène qui cherche à éviter les mises en scène.

Être juste est le plus difficile à mettre en œuvre dans un texte. Ne pas tomber dans l'artifice, les images d'Épinal, ou la morale pour tous est difficile. Pourquoi ? Parce qu'on ne le sait pas soi-même. Faire l'effort quand même : chaque fois qu'une tournure n'est pas de soi, s'en dispenser.

L'accent de la vérité ne se déclame pas. La justesse est cette petite voix très simple qui parle à l'oreille et raconte la vie sans débordement, comme on discuterait avec un ami à une terrasse de café. On ne cherche pas la mise en scène, mais seulement le partage d'une idée, d'une anecdote, d'une sensation.

La justesse permet d'être au plus près des choses. Elle montre les choses telles que tout le monde les sent, si bien que chacun s'y retrouve et reste admiratif de la part de vérité saisie par l'auteur. Tel mouvement de jambe dans « Les femmes d'Alger » de Delacroix est juste, tel dialogue dans « Le soleil se lève aussi » de Hemingway est juste.

C'est une histoire de musique, donc de mouvement. Ce qui passe dans la justesse, c'est le mouvement de la vie, un mouvement immédiatement reconnaissable et qui ne supporte pas l'artifice. Un mouvement qui peut très bien se retrouver dans la science-fiction, une pièce mécanique, ou des gouttes de pluie, puisqu'on y trouve surtout un rythme qui joue avec une forme.

Il s'agit d'exercer son cerveau à la reconnaissance d'une pulsation particulière, que l'on retrouve aussi bien dans la tonalité d'un dialogue que dans les plis d'une jupe, puis de le restituer par le battement de l'écriture.

Quelques exemples

Tout est question de goût personnel, bien sûr, mais la justesse chez un artiste est de très loin ce que je préfère. Mais c'est probablement parce que je suis en perpétuelle quête de réalisme. Définitivement, je n'aime que le réel.

– Quelles que soient les grandes thématiques mises en forme dans les huit cadres colorés (transmission, histoire, traditions, lieux, personnages, artistes, choses, famille), j'ai toujours cherché à faire des synthèses qui s'adressent directement au lecteur, sans emphase. Si je devais définir la justesse par la négative, je dirais qu'elle est l'inverse de l'emphase. Donc partons en quête de justesse dans les articles.

– Un article comme « La délicieuse robe blanche de Mme Angèle Maraval-Berthoin » est peut-être à classer dans les textes que j'ai cherché à rendre les plus juste possibles, justement parce qu'il s'agissait d'un portrait, et que je ne voulais pas en faire quelque chose d'hagiographique. Rien de plus difficile que le portrait, surtout quand on ne connaît pas la personne. Donc tourner autour de quelques caractéristiques et tenter de rendre l'essence même de la personne, ou pour être plus modeste, l'essence de ce qui reste dans les mémoires.

– Dans « La dame de la rue Landini », on peut considérer que la première partie du texte est un brin lyrique, tandis que la seconde partie (à partir de la seconde photo de la dame de Landini) devient juste. Et si l'on y regarde de plus près, ce n'est pas un hasard puisque la première photographie montre des apparences joyeusement artificielles tandis que la seconde parait beaucoup plus réaliste. Elles ont pourtant dû être prises à dix minutes d'écart. La première est presque mise en scène, la seconde sonne juste. Comparer avec le texte.

– Ou pour finir, dans « Il est temps de faire un petit détour par Tlemcen, Perle du Maghreb » la volonté d'aborder une ville familiale très ancienne par la voix douce et simple du descendant qui cherche à découvrir la ville de ses ancêtres.

96

Le rétro

Réfléchissez depuis le présent

Progresser du présent vers le passé pour aborder les éléments anciens.

Il est toujours possible d'aborder le passé, mais le faire d'abord depuis le présent, puis avancer à rebours. Montrer comment soi-même, nous étions pris dans certaines idées, puis comment ces idées se sont transformées au fil du temps pour construire une représentation du passé, notre seul socle.

La nostalgie n'a pas bonne presse alors qu'elle est un merveilleux moteur pour retrouver son socle. Platon le savait déjà qui rappelait que tout est réminiscence, rappel du passé dans le présent, et qu'Éros nous porte dans ce rappel. Sans ce socle qui nous constitue, nous flottons dans le présent au gré des modes, et nous croyons penser profondément là où les courants d'air de notre époque nous mystifient sans cesse.

Mais le passé ne doit jamais être roi puisque seul compte l'avenir ; deviens qui tu es. Entre les deux, le bel espace-temps doré dans lequel nous semblons avancer, notre ami le présent. Il paraitrait qu'il faut admirer chaque petit brin d'herbe, que la beauté est là sous nos yeux, et que chacun ne doit jurer que par un *carpe diem*. Après avoir parcouru le long voyage d'Ulysse, je veux bien le croire, mais avant, c'est juste impossible.

Le passage par les enfers de Circée est incontournable pour qui veut vivre un jour en paix à la surface du monde. Partir à la rencontre des morts, de ses morts à soi, c'est évidemment plonger dans le passé pour s'alléger (par allégeance) du poids des innombrables péchés que ces fantômes ont déposés sur notre tête.

Prenez garde de ne pas vous faire avaler dans ce voyage souterrain et regardez toujours vers la lumière.

Quelques exemples

Toujours plonger dans le passé depuis le présent. Sinon quel intérêt ? J'ai essayé le plus souvent, réussi parfois. Personne n'est parfait.

– Je peux revenir sur « Il est temps de faire un petit détour par Tlemcen, Perle du Maghreb » parce que j'ai cherché à regarder à quoi pouvait ressembler cette ville actuellement avant de commencer à me pencher sur son passé lointain pour retrouver quelques pépites plus récentes comme cette merveilleuse vidéo sur le pèlerinage des juifs de Tlemcen et de Nedroma en 1978. Donc promenade dans le temps lointain à partir du présent, puis retour dans un passé plus proche.

– Dans « Les petits plaisirs de la rue de l'Aqueduc », il est clair que je m'amuse beaucoup dans le temps avant de plonger dans quelques anecdotes du passé. Ici, le rôle des photos est essentiel puisqu'il en existe quelques-unes très marquantes du présent, et qu'elles permettent de rester ancré dans notre période, même si le texte part de temps en temps dans le passé de la Seconde Guerre mondiale et de la présence américaine dans la ville. Pensez, si vous le pouvez, à jouer au maximum avec les photos pour créer des contrastes temporels : soit photos du présent/texte du passé, soit photos du passé/texte du présent. Ils permettent de ne pas créer de textes trop passéistes. Seul compte le présent éclairé à la lumière du passé.

– Le contre-exemple est probablement celui de l'article « Le cas étrange de la porte du caravansérail » que je traiterais peut-être différemment si je devais le réécrire aujourd'hui. Il déroule l'histoire d'une des deux portes du caravansérail d'Oran de manière beaucoup trop chronologique. Et même si le début fait état de quelques réflexions personnelles qui l'ancrent dans le présent, je commencerais aujourd'hui ce texte par son état actuel démantelé dans le Jardin de Létang, puis je le montrerai en pieds dans le jardin avant 2001, puis rue de l'Industrie, au centre-ville.

La madeleine

Reconnaissez la petite vibration

Les souvenirs d'enfance sont les plus beaux.

Il ne faut pas les gâcher. Mais surtout, il faut savoir les reconnaitre. Ils font trembler. S'ils ne font pas trembler, c'est qu'ils n'ont pas d'importance, ils ont été reconstruits. Les vrais souvenirs sont de beaux supports à de vrais articles qui sont toujours des succès pour peu qu'on en prenne soin.

L'enfance est un territoire mystérieux pour tout le monde, donc dès que vous évoquez la vôtre, vous renvoyez le lecteur à la sienne et vous obtenez d'emblée son attention. Mais pour quelques secondes seulement. Parce que personne n'a envie de perturber son enfance avec l'enfance d'un autre. Donc il faut y aller doucement et surtout finement.

Il ne s'agit pas de raconter son enfance parce qu'elle ne pourra jamais lutter contre celle de votre lecteur. En revanche, vous pouvez éveiller l'enfance du lecteur en racontant non pas vos petites aventures, mais la manière dont vos petites aventures ont réveillé votre enfance. Là, ce n'est plus tout à fait la même chose. Là, le lecteur se trouve dans une position voisine de la vôtre et peut se projeter dans votre texte.

Montrez à votre lecteur de quelle manière l'enfance est revenue à la surface et vous verrez qu'il va chercher lui aussi à faire remonter son enfance à la surface, et partant, à la recherche de sa propre petite madeleine.

Apprenez-lui à partir en quête des véritables sensations magiques qui ramènent les souvenirs des profondeurs ; indiquez-lui ce qui a de la valeur et ce qui n'en a pas, prenez-le par la main, montrez-lui ce qui s'est passé pour vous. C'est le rôle de l'écriture, donc c'est votre rôle :

Engagez le lecteur à partir en quête de sa madeleine.

Quelques exemples

Pour une seconde fois, je reviendrai sur un texte qui n'est pas de Memoblog, mais qui aurait pu l'être : « Une cité à Pau — Au-delà de la vitre brisée ». Parce qu'il contient un souvenir très net et très significatif.

– J'aime le souvenir de la vitre brisée. Il est presque une madeleine. Mais pas totalement parce qu'il a toujours été là, présent en moi, sans signification. La beauté du travail historique est parfois de donner un poids à ce qui n'avait l'air de rien, traversait le temps, invisible, dépourvu de sens. Différent d'une madeleine donc, qui donne du sens au présent depuis le passé, la vitre brisée donne du sens au passé depuis le présent retrouvé. Je l'aurai expérimenté tant de fois.
– Par exemple en me promenant virtuellement le long de la Rambla de l'Occitanie dans « La ville nouvelle du Moulin-à-vent à Perpignan ». J'ai eu l'idée d'aller faire un tour à Perpignan en mode Google Earth. Ce fut une riche idée parce que je n'ai pas mis longtemps à voir ce qui crevait les yeux : le quartier du Moulin-à-vent à Perpignan est un ersatz d'Algérie constitué de milliers de Pieds-Noirs. Du moins dans les années 70. Lorsque mes yeux se promènent dans ce quartier pour la première fois depuis des années, je sens remonter en moi une certaine enfance et des souvenirs qui prennent subitement tout leur sens.
– En termes de véritable madeleine, je n'ai retrouvé qu'une porte d'ascenseur dont j'ai déjà parlé plus haut. Mais une belle madeleine. « Imaginer la Cité La Fontaine à Oran ». Parce que cette porte d'ascenseur, je l'ai poussée mille fois dans mon enfance pour « descendre en bas » comme on disait à l'époque dans un merveilleux pléonasme que je n'échangerais contre aucun académisme, et que je l'ai retrouvée à Oran, face à la mer, fièrement dressée. Que ce bâtiment perdu de l'autre côté de la Méditerranée soit capable de faire resurgir le monde de mon enfance fut un moment délicieux.

– 98 –
L'étonnement
Soyez surpris par la banalité

Le quotidien est incompréhensible au commun des mortels.

L'étonnement philosophique est un étonnement du quotidien. Être étonné de voir quelqu'un jongler avec vingt balles est logique. Être étonné de voir quelqu'un marcher dans la rue n'est pas normal. On appelle ces gens-là des poètes, la plupart du temps par affection, quelquefois par mépris.

S'étonner de la banalité du quotidien est une base indispensable à la narration du quotidien. La plupart des gens ne sont pas attentifs aux évidences. On ne s'étonne pas d'un billet de cinq euros, des pneus d'une voiture, ou des feuilles d'un arbre. Sauf si l'on a l'esprit poète et que tout nous étonne, surtout les choses qui n'étonnent personne.

Ce sont pourtant ces éléments-là qui étonnent le plus durablement. Pointez du doigt les choses quotidiennes et racontez-les. Vous allez vous apercevoir que votre lecteur ne lâche pas facilement sa lecture parce qu'il y trouve un miroir et que c'est lui qui l'intéresse dans cette banalité.

Mais être capable de l'écrire nécessite dans un premier temps d'entrer soi-même en sidération. Vous n'êtes pas encore étonné des choses les plus banales ? Une poignée de porte, vos clés, ou le robinet d'eau chaude ? Il est peut-être temps de commencer à redevenir poète (vous rappelez-vous l'enfant que vous étiez ?) et d'ouvrir votre regard à l'extraordinaire banalité qui se trouve sous vos yeux. Il n'y a pas de magie là-dedans, juste un changement de perspective qui offre de nouveaux horizons et permet de pénétrer de l'autre côté du réel.

On change de monde tout en restant sur place et on étonne son lecteur avec du rien.

Quelques exemples

Sur ce plan-là, Memoblog n'est pas forcément le meilleur exemple puisque je ne connaissais rien à la ville d'Oran lorsque j'ai commencé à m'y intéresser. Donc tout m'a paru extraordinaire. C'est peut-être ce qui a plu.

– J'ai en tête « La cheminée de la centrale thermique du Ravin Blanc » qui se voit comme le nez au milieu de la figure sur le port d'Oran et que j'ai mis quelques semaines à remarquer. Mais il est vrai qu'elle fait tellement partie du paysage qu'on finit par ne plus la distinguer du reste, même lorsqu'on a remarqué sa présence. C'est presque comme les clochers d'église. On les voit sans les voir. Ce sont ces éléments-là qu'il faut arriver à mettre en valeur pour obliger le lecteur à focaliser son regard dessus.

– Il y a aussi des noms qu'on entend toujours sans jamais se poser de question. Ils sont là, on les a intégrés, et leur étrangeté même n'est plus entendue. Par exemple « L'escargot de Mers el-Kebir et les dénominations fantômes ». Cet escargot de Mers el-Kébir, j'en avais beaucoup entendu parler, je savais que c'était un virage sur la route, et je savais même à quoi il ressemblait. Mais je ne m'étais jamais arrêté sur son cas. C'était « l'escargot de Mers el-Kébir », un point c'est tout. Et puis un jour, je me suis étonné de cet « escargot ». Pourquoi, je n'en sais rien. Il a fallu que je comprenne pourquoi on appelait ce virage « l'escargot ». Et puis j'ai fini par trouver. Mais il aura fallu que je m'étonne de ce qui n'étonnait plus personne.

– Ou alors on met très longtemps à écrire sur un sujet qui est évident et qui ne nous vient pas à l'esprit. Dans mon cas, il s'agit de la Mouna. Typique à la fois d'Oran et de mon enfance. J'aurais mis six mois avant de me rappeler son existence et décider de me pencher sur son cas. « La Mouna Oranaise arrive tout droit de la Rambla du Vallespir ». Un article qui a été lu et apprécié, bien sûr, comme tout ce qui touche à la cuisine chez les Pieds-Noirs.

L'imagination
Projetez vos désirs

Se retrouver virtuellement dans des situations imaginaires est agréable.

L'imagination est le plus beau cadeau du monde. Sans elle, nous mangerions des pâtes à tous les repas. Avec elle, il est possible de vivre par procuration des expériences que la vie nous a épargnées. Il faut la considérer comme une projection qui permet de prendre conscience de ce que nous ressentirions si les choses se produisaient réellement.

Mais c'est toujours davantage que ces évidences. C'est aussi la possibilité de projeter un monde intérieur confus sur une page blanche où tout est à construire et à reconnaitre. Comme un inconscient en marmelade auquel l'imaginaire essaie de donner une forme plus ou moins compréhensible, comme il le fait déjà la nuit dans les rêves.

Les Surréalistes savaient déjà tout cela et se laissaient aller à projeter sur le papier leur monde intérieur. On n'est pas obligé d'aller si loin, mais sur un blog, il est possible de se laisser aller à projeter un peu d'intérieur. Je l'ai très souvent fait pour le recadrer ensuite afin que les lecteurs ne soient pas perdus et puissent eux-mêmes se projeter dans leurs souvenirs.

Il ne faut pas avoir peur de jouer avec son propre imaginaire et avec celui des lecteurs, mais il ne faut pas aller trop loin. Les lecteurs ont besoin de leurs repères. Donc ne pas partir dans les grands délires (je l'ai fait une fois, j'ai compris mon erreur), mais jouer avec les nombreuses possibilités qui s'offrent à vous dans un texte.

Ne pas avoir peur de transgresser certaines idées, c'est le propre de l'imaginaire, et de toute création digne de ce nom. Mais toujours recadrer parce que le lecteur a ses limites.

Quelques exemples

La petite madeleine est de retour et peut servir de tremplin au développement de notre imaginaire puisque tout remonte subitement depuis le passé.

– À nouveau l'article « Imaginer la Cité La Fontaine à Oran » qui permet à la fois de parler de la petite madeleine et de l'imaginaire. À partir du moment où le temps revient à la surface, il devient possible d'imaginer beaucoup de choses, et de laisser s'écrire ce qui cherche à prendre forme. Cet article est à la fois une rencontre entre l'auteur et son passé, et entre trois frères et leur passé. Ils retrouvent leur enfance à travers les étages de la cité La Fontaine et me permettent de retrouver la mienne. Jeu de miroirs imaginaires.

– Dans un autre genre, il y a le cas particulier de « Le Petit Vichy et son cortège d'imaginaire ». Le Petit Vichy est un parc dans lequel beaucoup d'enfants oranais se sont promenés sur des ânes, ont acheté des bonbons, ont tourné sur des manèges. Ma mère m'en a parlé lorsque j'étais enfant. Donc mon imaginaire tournait depuis longtemps sur l'objet. Confronter cet imaginaire avec la réalité des photos permet de se poser la question des images sur lesquelles on fantasme depuis longtemps, et peut-être de s'en détacher.

– Ou alors il y a la méthode Hubert Ripoll : se projeter dans des expériences imaginaires pour se confronter à la possibilité du réel et mettre en marche un début de résilience. On n'est pas obligé d'aller si loin. Il est possible de s'amuser à imaginer la première fois qu'on ira à Oran, ce que j'ai fait très librement dans l'article « Wahran31 et mon premier voyage imaginaire à Oran ». Il est évident que deux ans plus tard, les choses ne se sont pas du tout passées de cette façon, mais je pense que le voyage imaginaire aura au moins permis de me préparer à cette éventualité. Projeter ses désirs est un premier pas, et qui sait, peut-être ai-je donné envie à quelqu'un d'y aller.

L'intelligence
Donnez à voir l'invisible

Ce qui n'est pas nommé ne peut être vu.

C'est bien connu ; l'intelligence voit et offre un nom à ce qu'elle voit. Contrairement à ce qu'on pense, ce ne sont pas les yeux qui voient, mais l'esprit. Il suffit de fixer le pare-brise de sa voiture pour le comprendre. Vous pouvez focaliser sur ce que vous voulez voir : soit le pare-brise, soit ce qui se trouve de l'autre côté. Le monde est fait ainsi : c'est vous qui choisissez ce que vous voulez voir, même si vous n'en avez pas conscience. D'où l'importance d'éduquer son regard. Sinon vous ne verrez guère que ce que tout le monde voit et vous ne comprendrez pas que d'autres voient davantage ; vous les considérerez comme des illuminés.

Il faut faire marcher sa tête si l'on veut commencer à voir, distinguer, séparer, extraire, diviser. Et puis *nommer*. Tout le monde le sait depuis longtemps, nommer c'est voir. Tant que l'on n'est pas capable de nommer, on ne voit rien. C'est parce que tout le monde nomme tout qu'il est possible de voir ce que tout le monde nous montre du doigt depuis le premier jour de notre naissance. Mais il nous manque toujours beaucoup de vocabulaire, donc beaucoup de choses à voir.

Vous savez des tas de choses ? Nommez-les et montrez-les. Vous ouvrirez l'intelligence de beaucoup de monde. Ce n'est pas qu'une question d'objets accumulés dont on aurait oublié le nom, ce sont surtout des idées entraperçues qu'il faut mettre au jour et transmettre. Vous ferez briller une petite étoile d'intelligence dans le cerveau de vos lecteurs qui vous remerciera inconsciemment de cet acte généreux.

Il arrive assez souvent que les lecteurs remercient consciemment. Existe-t-il plus belle récompense ?

Quelques exemples

Difficile à présenter, évidemment. Je ne vais donc pas m'éterniser là-dessus, mais au moins donner l'exemple d'un article qui peut montrer certaines choses.

*

– *J'ai écrit « Le silence » le 28 juin 2012. Il rend compte d'un reportage diffusé à l'époque (nous étions en plein cinquantenaire de l'indépendance de l'Algérie) dans lequel Hélène Cohen évoquait l'enlèvement de la sœur de son père et de leurs parents en juin 1962 du côté de Beni Saf. C'est un reportage passionnant, brillant même, et pourtant. Et pourtant, de mon point de vue —je le dis dans le texte — Hélène Cohen ne donne pas à voir l'invisible. Je le regrette parce que c'est ce que j'attendais profondément de ce reportage. Qu'est-ce que l'invisible ?*

L'invisible, c'est ce que son père n'a jamais dit : la disparition de sa sœur et de ses parents. Hélène Cohen ne l'apprend qu'à la suite de la mort de celui-ci. On comprend que le traumatisme a été tel (une disparition est bien pire qu'une mort) qu'il n'a jamais pu en parler à sa fille. Et ce traumatisme-là, une grande partie des familles pieds-noirs l'a vécu de près, à commencer par la mienne, qui n'a pas connu ce drame, mais « seulement » un exode et la perte d'une terre natale. Mais les conséquences sont les mêmes : silence radio sur tous les gros traumatismes.

L'invisible, c'est ce silence qui a duré des dizaines d'années et qui révélait une présence : le traumatisme. Hélène Cohen a fait le choix de partir enquêter pour comprendre ces disparitions. J'aurais préféré qu'elle parle de l'invisible. De ce silence paternel qui aura transmis le traumatisme à sa fille.

Y a-t-il seulement quelque chose de plus important que le silence ?